「核兵器も戦争もない世界」を創る提案

—「核の時代」を生きるあなたへ—

大久保賢一　著

JN060896

学習の友社

まえがき

　新型コロナ危機が人々に不安と混乱と困窮をもたらしている。もちろん、私にも不安はある。また、じれったさもある。自分にできることは少ないからである。この事態がハルマゲドン（世界の命運を決する最終戦争）だなどとは思わないけれど、人類の危機であることは間違いない。人類は多くの危機に遭遇したし、それを乗り越えてきた。疫病に苦しめられたし、天変地異に襲われたこともあった。そして、殺し合いも続けてきた。それらを乗り越えながら、78億人を超える数になっている。

　国連のグテレス事務総長は紛争を停止し新型コロナウィルスとの戦いに専念するよう呼び掛けている。けれども、世界はそうはなっていない。ウィルスの蔓延を他国のせいにしようとする言動も見られるし、無為無策も目に付くからである。そういう「指導者」を見ると情けないし腹も立つ。せめて、人間同士の愚かな争いは棚上げして眼前の危機に向き合ってほしいと思う。殺し合いや破壊のための知恵と技術を磨くのではなく、疫病や天変地異に備えてほしいと思う。

最新の知恵と技術が向けられている先
　アメリカもロシアもまた中国も核戦力を磨いている。極超音速の運搬手段で核弾頭を相手国にぶち込む競争をしている。極超音速兵器は音速の5倍以上の速度で飛行するので現在のミサイル防衛システムでは迎撃が困難とされている。ロシアは、実戦配備し、中国も軍事パレードで披露している。最新の知識と技術が核戦争に向けられているのだ。アメリカは、ロシアによる欧州への核攻撃に反撃するための演習を行っている。米プリンストン大学は、米ロの核戦争開始後、最初の数時間で9150万人が死傷すると推計している。もちろん、その後の影響も計り知れない。ウィルスでやられてしまうかもしれないのに、人間同士の争いによる終末（世界の終わりまであと100秒との指摘もある）が起きるかもしれないのだ。核戦争の危機はいまだに解消されていないのである。

どうして世界は吹き飛ばなかったのか
　イギリスの現代史家ロドリク・ブレースウェートが『ハルマゲドン　人

類と核』の中で、1945年8月9日以降、一触即発の核の対峙にもかかわらず「どうして世界は吹き飛ばなかったのか」と問いかけている（これからも吹き飛ばないということではない）。その回答をいくつか紹介する。第1は、核兵器に対する全世界の恐怖による抑止効果で「やたら丈夫な恐怖の子供」（チャーチル）が生き続けることになったという説。第2は、核による恐怖の副産物ではなく、「第二次世界大戦」における通常兵器による恐怖を2度と繰り返してはならないという決意が広がったからという説。第3は、「人間のより良き心性」（リンカーン）の影響が、人間のもつ暴力的要素を低減したからという説。第4に、「単にラッキーだった」という説などでもある。

　私なりに理解すると、第1の説は核抑止論。第2の説は2度にわたる世界大戦への反省。第3の説は核兵器のない世界に向けての胎動。第4の説はよくある意見である。私は、核兵器使用の危険性が高まったことや核兵器事故がたびたび起きたけれど、核戦争が実際に起きなかったのは、基本的には、運がよかっただけと思っている。

　例えば、1962年のキューバ危機の時、米国戦略空軍司令官トーマス・パワー将軍は、ケネディ大統領（当時）の指示がないのに戦闘即応体制を引き上げ、「戦争が終わった時、アメリカ人が二人、ロシア人が一人だったら、わが方の勝ちだ」と言っていたという。こんな話を聞くとラッキー以外の何物でもないと思うのである。

被爆者のたたかいと「核兵器禁止条約」

　けれども、この核戦争が起きなかった理由をラッキーだけにとどめてはいけない。その理由をきちんと総括することは核戦争の勃発を防止するうえで必要不可欠だからである。このことについて、日本原水爆被害者団体協議会（被団協）の「21世紀被爆者宣言」は次のようにいう。

　被爆者はこの半世紀、「ふたたび被爆者をつくるな」と訴えてきました。その訴えは「核兵器廃絶」の大きな流れとなっています。広島・長崎以後、核兵器の実戦使用は阻まれてきました。世界の世論と運動こそが、核戦争の抑止力になっているのです。

先のロドリクの書物の中に、この被爆者の願いや運動についての記述は
ない。けれども、2017年採択された「核兵器禁止条約」の前文には「核
兵器の全面的な廃絶のために、国際連合、国際赤十字社・赤新月運動、国
際機関、非政府機関、宗教指導者、議員、研究者およびヒバクシャが行っ
ている努力を認識し」という記述がある。

　核戦争の危機を解消するための根本的対処方法は核兵器の廃絶であ
る。「核兵器禁止条約」はそのための法的枠組みである。条約は、核兵器
廃絶のための努力が、様々な主体によって担われてきたことに着目し、被
爆者運動も視野に置いているのである。これまで「世界が吹き飛ばされて
いない理由」をあれこれ説明することは可能であろうが、「何をするべき
か」という観点では、核兵器を廃絶するための主体的努力を継続すること
である。具体的には、「核兵器禁止条約」の普遍化を進めることである。

普遍化のために求められること

　核兵器国も日本政府も「核兵器禁止条約」に反対している。自分たちの
力の源泉である核兵器を失うことは我慢できないからである。他方で
は、北朝鮮には捨てろと迫り、イランには持たせないとして圧力をかけて
いる。自分たちは核兵器に依存しながら、他国には捨てろ、持つなと迫
り、おまけに核戦争の準備をしているのだから、悪質なことこの上な
い。こういう勢力の存在を暴露し、その転換を進めなければならない。

　そして、「核兵器廃絶は人類の悲願だが、おそらく不可能だろう。ウラ
ンは天然に産し、技術は拡散する」というしたり顔の「現実主義者」もい
る。こういう人には、そういう現実を変革することこそが、人類の生き残
る道ではないかと働きかける必要がある。

　そして、現に、「核兵器禁止条約」は発効している。核兵器禁止条約を
推進しようとするたたかいは着実に進んでいることに確信を持つことであ
る。

　新型コロナウィルスに打ち克っても、新たな疫病が蔓延することはあり
うるし、想定外の天変地異が発生するかもしれない。人間同士の殺し合い
に知恵と技術と金を使うのではなく、疫病対策と犠牲者に対する迅速かつ
継続的な救援こそが求められている。せめて、人間が作ったシステム
で、人類社会が破滅するような事態は避けたいと思う。

そんな思いで、この本は書かれている。それぞれの文章は、昨年2月以降、『学習の友』、『前衛』、『反核法律家』、『自由法曹団通信』などに寄稿したものである。それぞれ独立した文章なので、体系的にはなっていない。だから、どこから読み始めてもらってもいい。もちろん、最初から読んでもらった方が判りやすいと思う。

　また、同じエピソードが書かれている。例えば、原爆投下による死亡率や「人影の石」である。それは、私のこだわりとして受け止めて欲しい。

　ところで、私にはもう一つこだわりがある。原発についてである。「人間と核の関係」を考えるうえで、原発問題を避けることはできないからである。2011年のフクシマ原発事故以来、私は「『原発と人権』全国研究・市民交流集会」にかかわってきた。今年、第5回目を迎えた。その分科会（4月5日開催）への主催者挨拶は次のようなものだった。

　現在、世界には、核弾頭は9ヵ国に13000発強（長崎大学核兵器廃絶研究センター）。稼働中の原発は31ヵ国に442基（日本原子力産業協会）存在しています。これをどうするかが問題です。1月22日、核兵器禁止条約が発効しました。3月11日で、福島原発事故から10年が経過しました。こういうタイミングで、この問題に向き合わなければなりません。

　核兵器禁止条約は、核兵器使用はヒバクシャに「容認しがたい苦痛と被害」をもたらしたし人類社会に「壊滅的人道上の結末」をもたらすとしています。それを免れるためには核兵器の禁止と廃絶が必要だとしています。

　原発事故により、直接的、間接的死傷病はもとより、生業や故郷の喪失、家族の離散など重大な被害が発生し、現在も継続しています。原発事故による被害の特徴は、放射線に起因するがゆえに、被害が広範囲に及び、その対処方法が物理的にも時間的にも制約されることにあります。原発事故に起因する苦痛と被害も容認しがたい「非人道性」を示しているのです。

　核兵器は無差別、残虐、大量殺傷を目的とする「最終兵器」であり、原発は電気エネルギーを確保するための装置という違いはあります。けれど

も、そこには人類が対抗策を確立できていない放射能被害という共通テーマが存在しています。

そして、原発稼働の結果発生するプルトニウムは核兵器の原材料となるのです。

原発は核兵器同様、可及的速やかに退場させなければなりません。原発であろうと核兵器であろうと、廃絶しない限り、カタストロフィー（悲劇的結末）を阻止できないからです。

政府は原発を再稼働するとしているし、電力会社も原発に執着しています。

政府は、核兵器禁止条約に署名も批准もしないと断言するだけではなく、米国の核兵器先制不使用政策には反対し、敵基地攻撃を想定しています。

原発の危険性の無視と核兵器の容認です。その背景にあるのは「利潤追求」と「力による支配」の貫徹です。人々の生命や生活よりも、資本の利潤と国家の暴力が優先されているのです。「我が亡き後に洪水は来たれ」という声が聞こえてくるようです。核兵器や原発の廃止を求めることは、国家権力と巨大資本の方針と正面から対峙することを意味しているのです。

ある研究者は「国家と資本の結合体は、その資本主義的な利益追求至上主義によって国内に産業公害を生み、その軍需産業への傾斜によって国外に戦争を引き起こす」としています（佐藤嘉幸・田口卓臣『脱原発の哲学』）。耳を傾けたい主張です。

けれども、絶望も悲観も必要ありません。核兵器も原発も人間が作ったものだからです。疫病の蔓延や気候危機は、人間の営みに起因しているけれど、人間の製造物以外の存在がかかわっている現象です。それらに比べれば、核兵器や原発は人間の知恵と技術の産物であるから、その対処は容易といえるでしょう。

現に、核弾頭は、ピーク時には約7万発あったけれど、現在はその2割程度に減少しているのです。原発を止めることなど造作もないことです。日本の原発すべてが停止していたことがあったのです。やる気になればできるのです。政府と電力資本にやる気がないだけの話です。その気にさせるたたかいが求められています。

核兵器禁止条約の発効を契機にして世界の反核運動は活性化しています。原発事故に起因する損害賠償請求や原発の再稼働を阻止するための裁判が全国各地でたたかわれています。司法は、政府や東電の頑強な抵抗の中で、それなりの役割を果たしています。原告団や弁護団、支援者たちのたたかいは粘り強く続いています。

　そういう中で、当分科会では「人間と核の関係」を大局的に考えたいと思っています。「人間と核の関係」は、決して法的、政治的課題だけではなく、社会的、哲学的、倫理的、科学的問題でもあるからです。国家や資本との対抗は人間の営みの全部面に及ぶのです。

　現代は「原子力の時代」、「核の時代」です。人類は核エネルギーを手にしています。この時代にどう生きるかは、私たちが、日常的に、あらゆる角度から、自分事として、考え、行動しなければならない課題です。「もはやこの地上には不正や暴力からの避難所はどこにもない」（ギュンター・アンダース）からです。

　このような問題意識は、多くの読者の皆さんと共有できていると考えている。けれども、この本は原発のことについて多くは触れられていない。それは、この本は、核兵器と憲法9条に焦点を当てているからである。「核の時代」を生きる私たちは、原発問題を忘れてはならないが、この本はもっぱら「核兵器禁止条約」と憲法の非軍事平和主義にかかわるものなのだと理解して欲しい。

　各章の冒頭に、その章の簡単な説明をしておいた。体系的な叙述になっていないことを補う意味もある。また、関連するエピソード的な文章が含まれている章もある。私なりの伝え方の工夫だと思って受け止めていただきたい。

　出版事情の厳しい状況の中で、この本を世に送り出してくださった『学習の友社』に心から感謝します。

2021年7月　原爆投下76年の夏を前にして

もくじ

第1章

「非核の政府」の想像から創造へ

―核兵器禁止条約発効の下で求められていること―

　　この章は、『学習の友』2021年2月号から7月号まで6回に分けて連載された「『非核の政府』の想像から創造へ」と題する文章と「核持って絶滅危惧種仲間入り」、「そのときには皆一緒にくたばるわけだ」、核兵器が人類を絶滅すると考えることは「妄想」なのか、核を手放さない日本政府と政治家、ロシア大使館での核廃絶談義、という5本の短い文章で構成されている。この5本の文章はそれらが書かれた日付も記載してある。この本全体の基調となるパートである。「核兵器のない世界」を求めなければならない原点として読んでいただければうれしい。

はじめに

　核兵器禁止条約が2021年1月22日に発効した。発効するとは法的拘束力が生ずるということである。2017年7月7日の採択が「受胎の日」だとすれば、2021年1月22日は「誕生日」である。核兵器は、開発も実験も保有も移譲も使用も使用するとの威嚇もすべて禁止されることになった。その背景にあるのは、核兵器が使用されれば、人類社会に壊滅的な人道上の被害が発生するので（最悪の場合、人類社会の滅亡）、禁止しなければならないし、廃絶しなければならないという思想である。核兵器は、毒ガス（化学兵器）や細菌（生物兵器）や対人地雷やクラスター弾などと同様に、使ってはならない兵器、持ってはならない兵器とされたのである。歴史的な前進である。

　ただし、条約は非加盟国を拘束しないから、核兵器国は、直接この条約に縛られるわけではない。けれども、核兵器を禁止する条約が厳然と存在するにもかかわらず、それを使用することは「無法者」、「恥知らず」といわれるであろう。そういう意味で、この条約は核兵器国の行動を制約する

のである。大国としてのプライドの象徴であり、国家安全保障の最後の砦としている核兵器が「禁じられた兵器」とされるのである。核兵器国にとっては我慢できない事態といえよう。だから、彼らは、この条約に反対してきたし、今でもその態度は変わっていない。

　こうして、今も、地球上には1万3千発以上の核兵器が存在し、78億人の人類がターゲットとされているのである。1945年8月の広島と長崎への2発の原爆は、その年のうちに20万人以上の人を殺している。そして、現在の核爆弾の威力は当時の何百倍にもなっている。人類が何度も絶滅するだけの危険が現実に存在していることを忘れてはならない。

　そして、日本政府もこの条約に反対している。「核兵器のない世界」へのアプローチが違うなどというけれど、アメリカの核に依存しているので、この条約は邪魔だということである。この日本政府の態度を変えなければならない。

　私たち一人ひとりが「他人事」ではなく、「自分事」として考え行動することが求められている。核兵器が使用されれば、私やあなたを含むすべての人が、その日常と未来を失うことになるからである。核兵器廃絶は、被爆者の切実な願いというだけではなく、自分自身の問題であることを忘れてはならない。それが、被爆者の「核と人類は共存できない」、「ヒバクシャは私たちだけにして欲しい」という想いに連帯し、そのたたかいを継承することにつながるであろう。核兵器廃絶は、自分と自分につながるすべての人たちにとって、したがって、全人類の喫緊の課題なのである。

　私は、核兵器に敵意を持つようになった自分自身の原点の話から始めることにする。続いて、核兵器禁止条約の内容や核兵器についての日本政府などの見解を紹介する。そして、核兵器禁止条約に反対する核兵器国や日本政府の態度に触れる。最後に、「核兵器のない世界」に取り組む上で知っておきたい現状や私たちの課題などについて述べることとする。少し長丁場になるけれど、核兵器を憎み、なくしたいと考えている「老人」の話に耳を傾けて欲しい。

私が核兵器をなくしたいと思う原点

　あなたは「人影の石」を知っているだろうか。広島の原爆資料館に提示されているあの石のことだ。資料館の説明はこうなっている。

　銀行の石段に腰を掛け開店を待っていた人が、原爆の閃光を受け、逃げることもできないままに、その場で死亡したと思われます。強烈な熱線により、石段の表面は白っぽく変化し、その人が腰かけていた部分が影のように黒くなって残りました。

　私がこの話を初めて聞いたのは、小学生のころ、母からだった。とにかく怖かった。突然、自分がこの世から消え去り、石段に影だけが残されるなど信じられなかったからである。大人になってから、資料館でその石を見た時も、母の話がよみがえってきて、えもいわれぬ恐怖に襲われたものだった。その恐怖心が私の原爆に対する敵意の原点になっているのだろうと思う。

　ついさっきまでそこにあった日常が、突然、理不尽に、抗いきれない力によって奪われることは、誰にとっても耐え難いことである。その日常を奪うものが、天変地異であれ、国家であれ、狂気であれ、悪意であれ、事故であれ、身を引き裂かれるような想いに駆られるであろう。

　私にとって原爆がもたらす理不尽さは、その耐え難いものの中で最悪の事態なのだ。その最悪の事態を避けたいという想いが、次第に私の中で形成されてきた。それは、母の話を原点として、いくつかの体験を踏まえながら現在のような形になってきている。

　いくつかの体験とは、例えば「はだしのゲン」を含む原爆を題材にした本や音楽や絵画や映画や演劇だとか、被爆者の体験を聞くことだとか、被爆者に思いを寄せる弁護士、医者、研究者、活動家たちとの交流などである。敢えて付け加えれば、核兵器は必要なものだと言いつのる外務省の担当者たちも含まれるであろう。もちろん、反面教師として。

　今、私は、一刻も早く「核兵器のない世界」を実現したいと思っている。当面、核兵器禁止条約の普遍化を求めている。普遍化とは、世界中に通用するという意味である。核兵器国の姿勢を変えなければならないのである。

そして、日本の政府の姿勢も変えなければならない。日本政府に署名と批准をさせなければならない。批准とは国家としての正式な確認という意味である。それをする「非核の政府」を想像し、現実に創造することを求めているのだ。

　そこで何から始めるか。あなたへの伝言からである。なぜなら、私は、自分が「人影の石」を恐れるだけではなく、誰かが「人影の石」にされることにも耐えられないからだ。

　だから、私は、私自身と私に繋がる人たちの日常を理不尽に奪われないために「核兵器のない世界」を求める。そして、それを阻む勢力とたたかう。私は、それを大義だとか正義だとかとは思わない。誰もが求める当たり前のことだと思うからである。

アルンダティ・ロイのお話

　私より14歳ほど若いインドの作家アルンダティ・ロイは「戦争のお話」（『帝国を壊すために』・岩波新書所収）でこんなことを書いている。

　　とくに忘れられないのが、建物の石段に溶けて焼き付けられてしまった男の人のこと。私もそうなるのでは。階段の上の染みに。将来、小学生たちが押し黙って、私の染みを指さす…あれは作家だったの。彼女とか彼ではなく。あれ。

　私は、この文章に接した時、たまらなくうれしかった。国がちがっても、年が少し離れていても、こういう人がいることを実感できたからである。

　彼女は、インドとパキスタンの核実験との関係でこの言葉を紡ぎだしているので、こうも言っている。

　　核兵器がある限り、核戦争も本当に起こり得る。それにデリーは最初の標的。ま、そうね。

　この発言は2003年のことである。彼女のような感性を持っている人が世界には大勢いることは間違いない。2017年7月7日、核兵器禁止条約

は 122 ヵ国の賛成で採択されている。国連加盟国は 193 ヵ国だから圧倒的多数である。そして、この条約は発効した。

「核兵器のない世界」の実現という私の願いは決して孤立しているわけではない。むしろ、世界が共有すべき規範となりつつある。私の願いは、あなたも含む、現在と将来を生きる人類の共通の価値なのだ。そして、それが規範とされようとしている。価値とは大切なもの、規範とは守らなければならないものという意味である。

ここで、核兵器禁止条約が何を規範としているか考えてみよう。

核兵器禁止条約は何を決めているのか

核兵器禁止条約の前文の冒頭はこうである（要旨）。

この条約の締約国は、国連の目的の実現に貢献することを決意する。核兵器のいかなる使用も壊滅的な人道上の結末をもたらすことを憂慮する。その結末を避けるためには核兵器の完全な廃絶が必要である。廃絶することは、核兵器が決して再び使用されないことを保証する唯一の方法だからである。

国連の目的は「国際の平和及び安全を維持すること」、「諸国間の友好を発展させること」、「人権及び基本的自由を尊重するための国際協力をすること」、「諸国の行動を調和するための中心となること」などである。条約はこの目的に貢献するとしているのである。

「核兵器のいかなる使用も」というのは、意図的に使用されるか、事故によるか、誤算によるかを問わないという意味である。核兵器国の大統領や首相が敵国を攻撃するために「核のボタン」を押す場合だけではなく、敵国からミサイル攻撃があったと誤解してボタンが押される場合や、コンピューターが故障して誤発射してしまう場合も含まれている。

最初に核兵器が使用されて以来、そういう事態は何回か発生しているし、最近では核兵器装置へのサイバー攻撃も本気で心配されている。誰もボタンを押さないのにミサイルが発射されてしまうという心配だ。

意図的な使用で有名なのは、1962 年のキューバ危機である。当時のケネディ米国大統領は、きのこ雲の下で多くの子どもたちが死んでいくこと

を想像したけれど、ソ連との核戦争を覚悟していたといわれている。彼は自分の価値観と論理で、人類社会が滅ぶことを容認したのである。

　間違いを犯さない人間はいない。故障しない機械はない。だから、核兵器がある限り、私たちは、いつも、他人のせいで、理由もなく、その日常と未来を奪われる危険の中で生活することになる。私は、その危険から免れたいし、誰かをそんな危険の中に放置することは嫌なのである。

壊滅的人道上の結末

　ところで、核兵器禁止条約は、この危険について「壊滅的人道上の結末」と表現している。その意味は、適切に対処できないこと、国境を超えること、人類の生存、環境、社会経済的な発展、世界経済、食料の安全及び現在と将来の健康に重大な影響を与えること、女性や少女に不均衡な影響を及ぼすことなどである。要するに、現在と将来の人間の生存の基礎が脅かされるということである。

　これは、原爆被害者や核実験被害者が現実に受けている「容認しがたい苦しみと損害」を踏まえたうえでの結論なのである。

　また、さまざまなシミュレーションが行われている。例えば、広島型原爆100個を用いた地域核戦争――インド・パキスタン戦争のような地域戦争であっても、気候変化が地球規模で起こり、人類全体が深刻な影響を被ると予測されている。まして、米ロが2200～1700発の核弾頭を撃ち合うと、数億人の死傷者を出し、農業も破壊され、人類にとって取り返しのつかないことになるとされている。いわゆる「核の冬」である。

　そして、核戦争が人類社会の滅亡をもたらすと真剣に憂慮されている。その最たるものが、アメリカの科学者団体の「終末まで100秒」という警告である。彼らは決してカルト集団ではない。このように「壊滅的人道上の結末」という言葉は、核兵器被害の特徴を凝縮した表現なのである。

　では、日本政府などは核兵器についてどのように考えているのであろうか。

日本の政府、裁判所、国会は原爆投下をどう見ているか

　大日本帝国政府は、原爆投下直後の1945年8月10日、「米機の新型爆弾攻撃に対する日本政府の抗議文」を発表している。その抗議文は、原爆

の無差別性と残虐性は国際法に違反すると指摘し、人類文化に対する新たなる罪悪であり、全人類及び文明の名において、米国政府を糾弾するとしている。

1963年、東京地方裁判所は米軍の広島・長崎への原爆投下は、国際法に違反すると判断している。国際法（戦時国際法・国際人道法）は、原則として、非戦闘員や非軍事施設への攻撃を禁止している（軍事目標主義）。また、不必要な苦痛を与える兵器の使用を禁止している（残虐兵器の禁止）。原爆投下は、そのいずれにも違反するとしたのである。これが「原爆裁判」である。

1994年制定された「原子爆弾被爆者に対する援護に関する法律」（被爆者援護法）の前文は、「昭和二十年八月、広島市及び長崎市に投下された原子爆弾という比類のない破壊兵器は、幾多の尊い生命を一瞬にして奪ったのみならず、たとい一命をとりとめた被爆者にも、生涯いやすことのできない傷跡と後遺症を残し、不安の中での生活をもたらした」としている。

このように、日本の政府や裁判所は、原爆投下は国際法や人道あるいは文明に反するという見識を示したことがあるし、被爆者援護法はその被害の永続性を明文化しているのである。現在の日本政府は、この大日本帝国政府の見解は戦時中のものとして葬り去り、アメリカの核兵器使用を違法とはしていない。国会でも核兵器禁止条約についての議論は不十分であるし、裁判所の原爆被害者救済の姿勢も弱まっている。

その現状は残念だけれど、日本の国家機関も、核兵器の危険性や非人道性については否定していないのである。そのことは覚えておいて欲しい。けれども、日本政府は核兵器について次のようにもいうのである。

核攻撃を想定する「国民保護計画」

政府は、「国民保護法」に基づいて、核攻撃があった場合の対処計画を立てている。計画書は「避難に当たっては、風下を避け、手袋、帽子、雨ガッパ等によって放射性降下物による外部被ばくを抑制するほか、口及び鼻を汚染されていないタオル等で保護することや汚染された疑いのある水や食物の摂取を避けるとともに、安定ヨウ素剤の服用等により内部被ばくの低減に努める必要がある」などとしている。

被爆者は、核攻撃にそんなことで対処できるわけがないという。特

に、放射性降下物を避けるために爆心地に近づけというのかと怒りをあらわにしている（風下を避けるということは風上である爆心地に近づくということになる）。

被爆地広島市の計画書は「核兵器攻撃が行われた場合には、多くの職員が死亡し、又は負傷し、被曝するとともに、残留放射線による被曝の危険にさらされることになります。また、必要な情報を適時適切に入手することも困難となります」としている。核攻撃に対処する方法などはないという専門家の意見を受け入れた結果である。

政府の計画は、核攻撃から雨ガッパで避けられるような楽観的なものである。冷戦時代、アメリカでは「核攻撃があったら机の下にもぐれ」と訓練されていたというから、似たような感覚かもしれない。机の下にもぐったり、雨ガッパで被害を免れることができるのであれば、核兵器廃絶など大騒ぎする必要はないであろう。

このような中途半端さは、核兵器被害の非人道性は認めるけれど、核兵器に依存するという姿勢との狭間で生み出されるのである。核攻撃に備えるよりも核兵器を廃絶した方が抜本的解決であることは明らかであるが、日本政府はそうしないのである。核兵器の使用がありうるとしているから、核兵器攻撃に備えなければならないという発想になるのである。この発想を乗り越えるためには、使用禁止に止まらず廃絶を求めなければならない。

使用禁止から廃絶へ

核兵器禁止条約は、核兵器使用の「壊滅的人道上の結末」を指摘し、その結末を避けるためには、核兵器が完全に廃絶されることであるとしている。使用してはならないものを持ち続ける理由はない。むしろ、持っていれば使いたくなるのが人情である。

浄土宗の開祖である法然上人は、上人の身に何かあれば使おうと斧を隠し持っていた弟子（熊谷直実）に、「危険なものは持つな、愚かな人間は手に持つと使いたくなる。持たぬがよい。捨てよ」と諭したという。人間が愚かな存在だというのはそのとおりだし、使ってはならない物を作ることは無駄である。

国際ＮＧＯの連合体である核兵器廃絶国際キャンペーン（ICAN）は、

核保有国９ヵ国が2019年の１年間に合計で730億ドル（約7.8兆円）を核兵器関連予算に充てたと算定している。ＩＣＡＮのベアトリス・フィン事務局長は新型コロナウィルスが世界中に拡大する中「自国民の健康を守るために予算を充てるのではなく、人類に壊滅的損害をもたらす兵器に１分あたり13万ドル（約1500万円）も費やすのは、ばかげている」と語っている。

　核兵器は使用されれば人類に破滅をもたらすし、使用されなくても、危険を内包しつつ、巨大な無駄をもたらし続けるのである。この危険や無駄をなくすことは決して難しいことではない。核兵器をなくせばいいだけのことである。

　けれども、そうはならないのが国際政治や国内政治の難しさである。核兵器国も日本も核兵器禁止条約に反対しているのである。その理由を聞いてみよう。

核兵器国が核兵器禁止条約に反対する理由

　ニッキー・ヘイリー米国国連大使は2017年７月、核兵器禁止条約が採択された時、こんなことを言っていた。

　「自分の家族のために、核兵器のない世界を何よりも強く求めたい。けれども現実的でなくてはならない。北朝鮮が核兵器禁止に賛成するなど、信じている人はいますか？」、「今のこの時代状況で、悪いアクターに（核兵器を）持たせて、平和と安全を維持しようとしている良い我々に持たせないなど、それで国民を守れるとはいえない」。

　これは極めて正直な発言である。悪いアクターである北朝鮮が核兵器を放棄するはずがないのに、良いアクターである私たちが持たないことなどありえないというのである。アメリカは善、北朝鮮は悪を前提に「俺は持つお前は持つな核兵器」という川柳そのままの上から目線の発言をしているのである。彼女は北朝鮮には守られるべき国民がいないとでも考えているかのようである。核兵器は誰が持っても巨悪であることを忘れてはならない。

　ちなみに米英仏は「（条約は）北朝鮮の核開発計画という深刻な脅威に

解決策を示さないばかりか、核による抑止力を必要とする状況にも対応していない」、「安全保障の環境をむしろ損なう」、「条約は 70 年以上、欧州と北東アジアの平和を守ってきた核抑止政策と矛盾する」として将来も参加することはないとの立場を鮮明にしている。

　ここにいう「核抑止政策」とは、わかりやすく言うと、核兵器で脅せば、敵国はビビッて攻撃の意思をなくすので、自国は安全になるという「理論」である。その「理論」によると、核兵器をなくすことは国際社会の平和と安定を危険にさらすことになるというのである。核兵器が平和と安全をもたらすというなら北朝鮮にも持たせればいいのにと思うけれど、彼らはそうは言わないのである。北朝鮮の核は危険だが、自分たちの核は平和と安全の守り神だというのである。なんとも身勝手な「理論」であることを確認しておきたい。
　また、アメリカは核兵器で北朝鮮を脅し続けてきたけれど、北朝鮮は核兵器を開発していることを忘れないで欲しい。核での脅しなど効果がないのである。「核抑止論」というのは身勝手で、思い込みだけの、全く効果のない「理論」だということは、少し冷静に状況を観察すれば理解できることなのである。
　更に付け加えれば、この理論は、抑止が破れた場合の悲惨な状況（相互確証破壊、双方の破滅）を無視しているどころか容認しているのである。自分が滅びるならば、地球が滅びてもかまわないという思想である。先に紹介したケネディの発想である。これほど無責任で危険な思想はない。

日本政府の核兵器禁止条約に対する態度
　日本政府の核兵器禁止条約に対する態度を確認しよう。
　日本政府は次のような閣議決定をしている（2016 年 11 月 8 日）。

　核軍縮に関する我が国の基本的立場は、核兵器のない世界の実現のためには、核兵器の非人道性に対する正確な認識及び厳しい安全保障環境に対する冷静な認識に基づき、核兵器国と非核兵器国との間の協力による現実的かつ実践的な措置を積み重ねていくことが不可欠であるというものである。（禁止条約は）北朝鮮の核・弾道ミサイル開発が我が国の安全に対す

る重大かつ差し迫った脅威となっている中で、このような我が国の基本的立場に合致せず、また、核兵器国と非核兵器国との間の対立を一層助長し亀裂を深めるものであるとの理由から、慎重な検討を重ねた結果、反対したものである。

　政府は、この後も同様の閣議決定をしているけれど、これが一番本音が出ているようである。ここでは、北朝鮮が出汁に使われ、核兵器が安全保障の道具とされている。北朝鮮の脅威に米国の「核の傘」で対抗するというのである。この米国の「核の傘」への依存政策を「拡大核抑止」という。端的にいえば、核兵器がなくなっては困るので条約には反対だというのである。

　また、国防の基本方針である「国家安全保障戦略」（2013年12月策定、10年をめどに見直し予定）は「我が国は、世界で唯一の戦争被爆国として、核兵器使用の悲惨さを最も良く知る国であり、『核兵器のない世界』を目指すことは我が国の責務である」としている。他方では、「核兵器の脅威に対しては、核抑止力を中心とする米国の拡大抑止が不可欠であり、その信頼性の維持・強化のために、米国と緊密に連携していく」としている。

　「核兵器のない世界」を目指すことは日本の責務だとしながら、米国の拡大抑止、要するに米国の「核の傘」が不可欠だとしているのである。政府は、日本の安全が確保されれば、核兵器はなくしてもいいというのであるが、裏を返せば、それまでは核兵器に依存し続けるということである。日本の安全保障を武力で確保しようとするかぎり、相互不信は解消されることはない。そして、核兵器は最終兵器である。こうして、核兵器は安全保障のための必要な切り札となり、その廃絶は究極的目標とされるのである。核兵器を人類と共存できない悪魔の兵器として「絶対悪」とする被爆者との根本的な違いがここにある。

　「核兵器のない世界」を実現するためには、このような政府の態度を変えなければならない。そうしないといつまでも「核兵器のない世界」は実現しないことになる。これが「非核の政府」が求められる理由である。そこで、それを実現するための道筋を考えてみよう。

まずは、日本の政党の態度を概観しよう。次いで、国内の市民社会の状況をみてみよう。そして、アメリカ社会の様子についても知っておこう。

各党の核兵器禁止条約に対する態度

　昨年8月5日、広島市で、核兵器廃絶に向けた取り組みや課題について各党代表者らが議論する討論会が開かれた。主催は核兵器廃絶日本NGO連絡会。核兵器禁止条約に日本が参加すべきかどうかが焦点だった。

　反対したのは自民党の平口洋衆院議員。米ロなど核保有国も加盟する核拡散防止条約（NPT）の下での軍縮を優先すべきだとした上で、核兵器禁止条約は「時期尚早」とした。

　公明党の山口那津男代表は、核廃絶という目標は核禁条約も日本政府の考え方も共通だとしつつ、「核保有国を巻き込んだ実質的な核軍縮を進めるべきだ」と語った。

　同条約に賛成する共産党、社民党、れいわ新選組3党のうち、共産党の志位和夫委員長は「唯一の戦争被爆国が、条約に背を向けていることは恥ずかしいことだ」と日本政府の姿勢を批判した。

　立憲民主党の枝野幸男代表と国民民主党の玉木雄一郎代表は、日米同盟を堅持しながら条約に参加するための道筋を国会で議論するべきだと強調した。

　維新は、国会での議論の必要性を言っていた。

　この討論会は、立憲民主党と国民民主党の合流協議以前のものではあるけれど、核兵器禁止条約が発効した現在でも大きな違いはない。この条約への態度は、唯一の戦争被爆国である日本の安全を核兵器に依存するのかどうかを根本から問うことを意味している。にもかかわらず、積極的に賛成し推進しようという政党は少数なのである。

国内の市民社会の動向

　世論調査によれば、70％を超える国民が核兵器禁止条約に賛成している。すべての国に条約への加盟を呼び掛けるヒバクシャ国際署名（構成団体は48）には1295市町村の現・元首長（市町村数は1741）と20都道府県の現・元知事が賛同している。個人署名数は1370万筆を超えた（昨年12

月末終了）。現在は、日本政府に対して、条約への署名と批准を求める署名運動も進められている。

　そして、日本原水爆被害者団体協議会（被団協）や原水爆禁止日本協議会（原水協）などの反核平和運動体が一生懸命活動するだけではなく、世界宗教者平和会議（WCRP）日本委員会と核軍縮・不拡散議員連盟（PNND）日本も「日本政府は、この条約が『究極的な目標としての核廃絶』に有用かどうかも含め検討すべきである。条約支持へと即座に方針転換できないまでも、発効後１年以内に召集される『締約国会議』にオブザーバーとして出席することを強く望む」としている。

　核兵器禁止条約の発効は、「核兵器のない世界」を求めて運動してきた被爆者団体をはじめ多くの人たちに大きな励ましを与えているだけではなく、幅広い市民の共感を呼び起こしている。「核兵器のない世界」に向けて、潮目が大きく変わりつつあるといえよう。

アメリカの動向

　核兵器についてアメリカ政府と市民がどのように考えているかは大事である。アメリカは核超大国であり、その核政策を選択するのはアメリカの市民だからである。

　そのことについての材料を提供しておく。

　米国政府が、核兵器に依存する外交・軍事政策を採っていることは誰でも知っている。世界の核兵器の数は、総数１万3410発、その内アメリカは5800発である（昨年６月、長崎大学核兵器廃絶センター）。2018年の「核態勢見直し」によれば、使用できる小型核兵器の開発を進め、配備している。非核兵器の攻撃にも核兵器で対抗することも想定している。核兵器近代化のための臨界前核実験（爆発を伴わない改良試験）もしている。バイデン政権がその政策を大きく変えたという話はまだない。

　米国民はどうか。ある世論調査によると、米国人の３分の１は、民間人2100万人が死亡する核攻撃のケースであっても、北朝鮮に対する先制攻撃を支持している。核攻撃をすると、北朝鮮の民間人の犠牲者は１万5000人から110万人にハネ上がるが、それを知った後でも核攻撃を支持する人の割合に大きな変化はないという。米国民の「核兵器使用に無神経で、敵国が相手なら無実の一般市民を殺すことも厭わない衝撃的な傾

向」といわれている。

　他方、全米市長会議は、核兵器禁止条約を改めて支持し、2020年の大統領選の候補者に向けて、核兵器廃絶の交渉で指導力を発揮するよう求める決議を採択している。核兵器禁止条約を歴史的な条約と位置づけ、大統領候補者に核兵器廃絶の交渉開始を優先的課題とするよう要求し、当選後は、人道上の価値と目標を受け入れるよう要望している。

　この市長会議だけではなく、カリフォルニア州、ニュージャージー州、オレゴン州なども、核兵器禁止条約の重要性に着目し、連邦政府に署名・批准を求めている。

　ロシアと並ぶ最大の核兵器国アメリカにおいても、政府の態度と対抗しながら「核兵器のない世界」に向けた胎動が起きているのである。

　このように、アメリカにおいても核兵器とどう向き合うかについて賛否両論がある。その賛否が分かれる原因は、核兵器の非人道性を重視するのか、核兵器の役割を容認するのかということにある。核兵器使用の非人道性に着目する潮流がアメリカにも存在するけれど、核兵器の役割を認める傾向も根強いのである。その根強い原因は、原爆投下は必要だったし、正しかったとされていることにある。

　例えば、原爆投下は「対日戦争を早く終わらせることができた」、「米兵100万人の犠牲を避けることができた」などとされている。これは原爆投下を正当化する「神話」である。アメリカ政府はそのように説明してきたし、国民もそう信じてきた。自分たちが国際法違反や非人道的なことをしたなどと思いたくないので、この手の話は信じられやすいのである。けれども、最近、この「神話」への信仰が揺らぎ始めているという。

原爆投下についてのアメリカ世論の変化
　ＮＨＫがアメリカの18歳から34歳を対象に行った1000人規模の「平和に関する意識調査」によると、75年前の原爆投下について「許されない」と答えた人は41.6％、「必要な判断だった」と答えた人は31.3％だったという。5年前の調査では、18歳から29歳の若者の47％が「正当だった」と答えていたという。調査方法が違うから単純に比較はできないけれど、有意な変化が見てとれるであろう。

そして、ＮＨＫの調査では、核兵器について、アメリカ人の70％余りが「必要ない」と答えているという。その理由は、「多くの人が死傷する」、「破壊的すぎる」、「ほかにも問題解決する方法がある」といった核兵器の威力についての懸念だという。

　この変化が起きている原因は、被爆者の証言などによって、原爆が人間に何をもたらしたのかについて知られてきたこと、戦争早期勝利のために原爆投下は不必要だったとの研究成果が公表されていること、国際社会で「核兵器のない世界」への動きが強まっていることなどであろう。「無知のベール」が取り払われている成果といえよう。

現在の日本の政治状況

　菅政権が誕生したけれど、国家安全保障政策についての変化はない。アメリカの「核の傘」に依存する、日米同盟を強化する、自衛隊の活動範囲を広げる、「敵基地を攻撃する」などと軍事力強化が進み、その行使の敷居が下げられている。政府や与党は、北朝鮮の核・ミサイルや中国の膨張政策などを根拠に「我が国の安全保障環境の悪化」をいい、そのための「抑止力」や「対処力」が必要だとしている。これは、これらの国との関係を軍事力の強弱で決着をつけようという発想と論理である。このような政策を続ける限り「絶対兵器」である核兵器に依存することになる。私はこんな事態から解放されたいと思う。現在、その解放のための大きなきっかけが出来つつある。

「非核の政府」の第一歩

　核兵器禁止条約への参加を国政選挙の政策にしようという動きが進んでいる。「安全保障法制の廃止と立憲主義の回復を求める市民連合」（「市民連合」）が核兵器禁止条約に直ちに参加するという政策を野党（維新は除く）に要望しているのである。共産党は「全面的に賛成」と直ぐに反応しているし、社民党も賛意を表明している。いずれ、他の野党も要望に応えることになるであろう。（なお、「市民連合」は、北朝鮮との国交樹立も提起している。）

　日本は議院内閣制だから、国会で多数派を占めないと政権を担当できない。多数派になるためには、それだけの議席を獲得しなければならな

い。その大前提として、政党は政策を掲げ、有権者の信任を得なければならない。その第一歩が始まったのである。

　小選挙区制度の下では、自民党と対抗するためには野党が大同団結しなければ議席を獲得することはできない。各政党は、そのことを肝に銘じて「核兵器のない世界」に向けての共通政策を確立して欲しいと思う。

　日米同盟の下でも核兵器に依存しない安全保障政策は法的には可能である。もともと、国是（国の基本方針）である「非核三原則」は核兵器の製造や保有だけではなく持ち込みを排除している。「核密約」を解消して「国是」を生かせばいいのである。日本は米国「核の傘」に依存しない。米国は日本を巻き込む形での核兵器使用をしないとする合意の形成である。核兵器を排除する形での同盟は1980年代後半のニュージーランドとアメリカとの間での経験がある。また、現在、ＮＡＴＯ加盟国であるベルギーでもその道が模索されている。

　そして、自衛隊の在り方についての違いがあったとしても共通政策の合意は可能である。核兵器禁止条約は戦力一般を禁止する条約ではないからである。自衛隊が合憲であるかどうかと、核兵器禁止条約に賛成するかどうかは、別の問題なのである。

　私は、日米安保も解消したいし、自衛隊も解体したいと考えているけれど、それが実現するまで、核兵器禁止条約は無理だなどという主張をするつもりはない。

　おわりに
　今、私たちが抱えている課題は、核兵器の応酬による「終末」だけではない。気候危機は進行しているし、新型ウィルスの脅威にも直面している。もちろん、貧困と格差も忘れてはならない。これらはいずれも深刻な問題である。「未来への大分岐」が問われているといえよう。けれども、これらは全て人間の営みに起因する危機である。であるがゆえに、私たちの努力によってこの危機を乗り越えることはできるはずである。もちろん、愚かで無責任で強引な権力者や「今だけ、カネだけ、自分だけ」という社会的風潮とのたたかいなので困難は伴うが、決して不可能ではない。

　そして、核兵器廃絶は比較的対処しやすい課題である。自然やウィルスが介在しないし、生産様式のあり方とは直接的関係がないからである。

核兵器は、ピーク時である 1986 年には約 7 万発だったけれど、現在は 1 万 3 千発強になっている。廃棄された数の方が圧倒的に多いのである。やる気になればできるのだ。やる気がない核兵器国や日本政府を変えればいいだけのことである。政府を変えることができるのはその国の民衆だけである。その民衆とは、私やあなたのことである。

　日本でも世界でも、多くの人たちが「核兵器のない世界」に向けて様々な持続的で独創的な活動をしている。私の近くでも、例えば、「非核の政府を求める会」のメンバーは、核兵器廃絶の意見交換のためにロシア大使館を訪問している。「ノーモア・ヒバクシャ記憶遺産を継承する会」の人たちは、被爆者のたたかいを継承するための工夫とアーカイブセンターの設立を展望している。核兵器廃絶日本ＮＧＯ連絡会に参加する青年たちは、核兵器廃絶問題を自分事として考えて、大使館を訪問したり、国会議員に働きかけたり、国連大学と共同でイベントを企画したり、ＳＮＳなどで発信している。この小論の「想像から創造へ」も彼らの考案したキャッチコピーである。

　そして、何よりも心強いのは、日本には、日本原水爆被害者団体協議会（被団協）や原水爆禁止日本協議会（原水協）のような伝統ある反核平和団体が存在することである。今、日本政府に核兵器禁止条約への署名と批准を求める署名運動が展開されている。元外務大臣の田中眞紀子さんもその呼びかけ人の一人である。「核兵器のない世界」に向けての運動は間違いなく広がっている。「核兵器のない世界」は一人では実現できないけれど、必ず実現できる課題である。これまでの営みと現在の状態と今後の見通しをしっかりと見据えながら、「核兵器のない世界」の実現に向けて、「非核の政府」を創造するために、新たな一歩を進めることにしよう。

■　コラム
「核持って絶滅危惧種仲間入り」

　「核持って絶滅危惧種仲間入り」は、毎日新聞万能川柳の 2019 年大賞受賞句である。作者の中林輝明さんは「子や孫たちの未来に核兵器はいらな

いと思うけれど、やみくもに反対をいうばかりでは句にならない」と言う。核兵器反対をしつこく言うけれど、こういう句を作れない私は「そうだね」と感心するばかりである。選者の仲畑貴志さんは「核兵器は人類を何度でも抹消できる。人類も絶滅危惧種に入っている。絶滅危惧種をつくり、それを守るという人類の傲慢。大きく深くデリケートな問題を提示している」と選評を述べている[1]。そのとおりの句だと思う。

　ところで、私は、この川柳を読んで、オムニサイドという言葉を思い出した。

オムニサイドという言葉

　オムニサイドの英語表記は omnicide である。omni は全ての、cide は殺害という意味で、（核兵器による）皆殺しと訳されている（デジタル大辞泉）。私がこの言葉を初めて知ったのは、ジョン・サマヴィル著「核時代の哲学と倫理」である。この本の中で、オムニサイドは「人類絶滅」と訳されているが、訳者の芝田進午氏は、より正確には「生命絶滅」、「万物絶滅」という意味であるとしている。

　アメリカの哲学者ジョン・サマヴィル（1905年〜96年）は、核兵器は自然界の万物ばかりか生と死との自然な関係を破壊する。通常の死は他の個体での生命の持続を可能にする細胞の再生産と再結合であるが、核による死は細胞そのものを殺すことであり、通常の死よりも悪質である。新しい事態を表現するには新しい言葉が必要だ。それがオムニサイドである、としている[2]。

　私は、オムニサイドを拒否するためには、核による絶滅という客観的に存在する危機を主観的に認識することが必要だと考えている。だから、中林さんの受賞がうれしいし、仲畑さんの選評に共感するのである。

　2017年、国連加盟国193ヵ国のうち賛成122ヵ国で採択された核兵器禁止条約は、核兵器使用による「壊滅的人道上の結末」を避けることは、人類にとって喫緊の課題だとしている。人類絶滅は、決して杞憂ではなく、現実に存在している危機だという認識は、国際社会の中で多数派なのである。

核兵器禁止条約が発効しても

　核兵器禁止条約は、批准国などが50ヵ国になり、その後90日が経過すれば効力が発生する。多分、今年中に発効するだろう。しかしながら、核兵器国はこの条約を無視するだろうから、当面、核兵器はなくならないし、人類は絶滅危惧種であり続けることになる。

　ところで、核兵器国が核兵器に固執するのは、自国の安全保障のために核兵器が必要不可欠だと考えているからである。核兵器を持っていれば他国は自国を攻撃しないだろう。なぜなら、攻撃すれば核兵器によって反撃され手ひどい被害を受けることになるので、攻撃を思い止まるだろう、という論法である（核抑止論）。もし、この論法が普遍的ならば、北朝鮮やイランの核開発をとやかく言えないはずである。これらの国も自国と自国民の安全を確保する権利は認められているからである。けれども、アメリカなどは決して保有させようとしない。このような「俺は持つお前は持つな核兵器」という論法で世界が安全になることはありえない。なぜなら、それは不公平な論理だからである。そして、その論理が根底にある核不拡散条約（NPT）には、インドやパキスタンやイスラエルのように最初から乗らないか、北朝鮮のように考え直す国が出てくるのである。イランはどう出るのだろうか。

イランは「普通の国」になれ

　アメリカのポンペオ国務長官は、イランに対し「普通の国」になれと言う。彼にとって、イランは「普通の国」ではなく、アメリカの要求を受け入れ、その行動を改めた時に「普通の国」になるようである[3]。彼がイランに突き付けた「12項目の要求」の第2項は「イランはウラン濃縮を止めなくてはならない」とされている。しかしながら、国連安保理で決議されていた「包括的共同行動計画」（イラン核合意）は、限定的ではあるが、ウラン濃縮を認めているのである。トランプ政権は「イラン核合意」から一方的に離脱し、イランに不利益な要求を突き付け、制裁を強化しているのである。トランプたちは、どの国も、シンゾーのように、アメリカの要求は何でも受け入れると思い込んでいるようだが、イランは拒否している。アメリカの汚い手口に抵抗しているのである。

アメリカは核兵器使用をためらわない戦争を準備している

アメリカは、2018年に核態勢の見直し（NPR）を行い、核兵器によらない攻撃に対しても核兵器で反撃できるとし、使用可能な低爆発力核弾頭の製造を開始した。既に、新型の核弾頭を搭載した潜水艦発射型巡航ミサイル（SLCM）を実戦配備している[4]。

2018年には、先に述べたように「イラン核合意」から一方的に離脱し、「イラン包囲網」をホルムズ海峡に張り巡らしている。

2019年には未臨界核実験が行われ、ロシアとの中距離核戦力（INF）全廃条約が失効し、早速、中距離ミサイル実験が再開されている。アメリカは紛争解決のために、核兵器を現実に使用する準備を整えているのである。

そして、忘れてならないことは、トランプは「核兵器を持っているのになぜ使用できないのか」と、1時間に3回、外交専門家に質問した人だということである[5]。そんな男が核のボタンを持っているのである。

「原爆の父」の言葉

「原爆の父」といわれるロバート・オッペンハイマー（1904年～67年）は、1945年10月16日付のアインシュタインへの手紙で「もし原子爆弾が、この相いれない世界にあって、新兵器として加えられれば、…いつの日か人類は、ヒロシマを、そしてロスアラモスを罵る時がやってくるにちがいありません。世界の人々は結集しなければならない。いやそうしなければ完全に消滅することになるかもしれない」と書いている[6]。相いれない世界というのは東西冷戦のことであり、ロスアラモスとはアメリカの核兵器開発の施設である。彼は、広島と長崎への原爆投下から3ヵ月も経たないうちに、そのような予言をしていたのである。

現在、アメリカとソ連の対立という形での冷戦はない。けれども、世界には敵意や憎悪や不信に根ざす対立が存在している。加えて、その対立の解消を望まず、むしろ扇動し、金儲けの手段としている勢力もはびこっている。彼らはそれぞれの思惑で核兵器に依存し、その禁止や廃絶に背を向けているのである。

他方、それに対抗し、絶滅危惧種から抜け出そうとする努力は、署名や集会、音楽、演劇、絵画、川柳を含む文学、教育実践などの形で積み重ねられている。核兵器廃絶への重要な一歩である核兵器禁止条約は発効しつ

つある。多様な形で、核兵器に反対し、これを禁止し、廃絶すること
は、人類生き残りのために不可欠な営みなのである。(2020年3月7日記)

1　『毎日新聞』　2020年3月7日付朝刊
2　ジョン・サマヴィル著・芝田進午ほか訳『核時代の哲学と倫理』(青木書店・1980
　年)
3　坂梨祥　「アメリカの正しさに『挑む』イラン」学士会会報№941 (2020年Ⅱ)
4　『しんぶん赤旗』2020年2月6日付　国防総省は、新型核弾頭Ｗ76－2について「迅
　速で、より残存性の高い戦略兵器」、「拡大抑止の下支え」、「ロシアのような潜在的
　敵を念頭に置くもの」としている。
5　『毎日新聞』2018年1月30日付夕刊。拙著『「核の時代」と憲法9条』(日本評論社・
　2019年)
6　足立壽美『オッペンハイマーとテラー』(現代企画室・1987年)

■　コラム

「そのときには皆一緒にくたばるわけだ」
―絶滅危惧種からの脱出のために―

　私は、核兵器も戦争もない世界が欲しいので、その気持ちをいろいろな
人に伝えることにしている。先日も「核持って絶滅危惧種仲間入り」とい
う雑文を学生時代のバドミントン部の友人たちに発信した。そうした
ら、当時からの親友で、今も私の健康状態を心配してくれている中小企業
の社長から電話があった。「大久保。核兵器廃絶どころじゃないよ。会社
が危ないよ。中国から部品が入ってこないから、製品が納められないんだ
よ」というのである。彼は笑いながら話していたけれど、深刻な問題であ
ることはもちろんである。核兵器なんかないほうがいいに決まっているけ
れど、それどころじゃないというのは本当にそのとおりだと思う。新型コ
ロナウィルス・クライシスは、あたかも、人類社会の終焉かのような報道
が行われている。人類はその全英知を振り絞って対応する必要がある。
ウィルスなんかに負けるわけにはいかないのだ。
　私はそれなりの時間生きてきたからあきらめられるとしても、まだまだ
これからの人たちから生存の基礎を奪うことはできない。そのために、自
分にできることはしたいと思う。私にはウィルスへの対抗策を考える能力

はない。せめて手洗いとうがいをするくらいである。けれども、何かできることがないかと考えてしまうのだ。そこで思いつくのが、非力なりにやろうとしている核兵器も戦争もない世界を創るための工夫である。

　小惑星の地球への衝突や超巨大地震や津波の発生を止めることはできないけれど、せめて、核兵器や戦争はなくして、新型ウィルスや気候変動や格差などの本当のクライシスに備えなければならない。核軍拡競争に大金を使い、無益な殺し合いをしている場合ではないと心の底から思うのである。そして、核兵器や戦争は人間の営みであるから、なくすことは可能だと確信しているのである。

絶滅危惧種という指摘
　私の好きな「核持って絶滅危惧種仲間入り」という川柳は、2019 年の作品である。ところが、もっと前に、人類が絶滅危惧種になったという表現をしていた人がいたのである。ドイツの哲学者ギュンター・アンダース（1902 年〜 1992 年）は、1960 年に「われわれは死を免れぬ種族＝人類という状態から、『絶滅危惧種』の状態へと移ってしまった」と指摘していたのである。その理由は、人間が核兵器を持ち、それを使用したからである。
　彼の主張を私なりに理解すると、核兵器が使用されれば、すべての人が同じように悲惨な目にあうことになる。これはもちろん悲劇である。けれども、更なる悲劇は、ほとんどの人が核のもたらす悲劇を気にしておらず、大半の人々は全く気がついていないことだ。なぜ、そうなってしまうかというと、私には関係ないことだと思っているからだ。その背景には、われわれが脅かされている危険は、私を個人的に脅かしているのものではない。したがって、その脅威は個人的には誰も脅かしていない。だから、それは私個人には関係がない。私が個人的に不安を覚えたり憤慨する必要はない、という思い込みがある。われわれの脅威であっても、私だけの脅威でなければ、私個人の脅威ではないと錯覚する、というのである。
　これは、確かに深刻な指摘である。人類絶滅の危険性（いろんな人が指摘しているし、現代の科学者は終末まで 100 秒としている）が客観的に存在しているにもかかわらず、それに気がついていないとすれば、お気楽といえばお気楽である。

そして、ギュンターは言う。放射線を浴びない展望台があれば、そこから傍観者として手を汚さず眺めていればいいかもしれないけれど、そんな場所はない。にもかかわらず、人は「そのときには皆一緒にくたばるわけだ」とつぶやいて、危険があることを否定しないが、抵抗もしないのである、と。

　ギュンターは、1945年8月6日の広島以降、「現代の平和」が消滅するだけではなく、戦争が起こり平和の時代があった「人類の時代」も消滅する原子力時代に入ったことを警告し、その事態を乗り越えるための提案をしているのである（ギュンター・アンダース著・青木隆嘉訳『核の脅威─原子力時代についての徹底的考察』・法政大学出版局・2016年）。

一緒にくたばるのは嫌だ

　今、世界には1万4千発弱の核兵器がある。それが意図的であるか事故や過失であるかを問わず、使用されれば「壊滅的人道上の結末」が人類社会を襲うことになる。それは「みんな一緒にくたばる」ことを意味している。ギュンターの警告はまだ意味を持っているのである。けれども、事態が改善されていないわけでもない。人類は「核兵器禁止条約」を作り、そんな事態を避けようとしているところである。しかし、他方では、そんなことはさせないと抵抗している核兵器保有国や日本政府がある。核兵器は自国と国民を守る最後の砦だというのである。そして、「そのときには皆一緒にくたばるわけだ」とつぶやいて、危険があることを否定しないが、抵抗もしない人も少なくないのである。

　「核の時代」、「原子力時代」において、自分の人生を、誰かの道具としてだけではなく、主体的に生きたいと考える人は、そういう人たちに働きかけ、共同しなければ、核の力で人間を支配しようとする勢力に打ち勝つことはできないのである。

　そのために求められていることは、核が人類に何をもたらしたのかを知ることと、それはなくさなければならないという意思の形成と、それはなくすことができるという確信に基づいて、愚直に、核による支配をもくろむ勢力とたたかい続けることである。

　被爆者はその営みを続けてきた。私たちは、それを継承しなければならない。それを怠った時、みんな一緒にくたばってしまうからである。
（2020年3月18日記）

核兵器が人類を絶滅すると考えることは「妄想」なのか

核兵器をめぐる意見

核兵器をめぐってはいろいろな意見がある。「核と人類は共存できない」から一刻も早く廃絶すべきだという意見（A説）。「核兵器は安全保障環境を安定させるための道具」であるからなくすなんてとんでもないという意見（B説）。核兵器が人類を絶滅させるなどと考えることは「妄想」だという意見（C説）。ヒロシマ・ナガサキ・フクシマという現実があるにもかかわらず「次なる破局は起きない」ということは自分が「白痴」であると告白するようなものだという意見（D説）などである。もちろん、そんなことに関係も興味もないという「意見」もあるし、難しくてわからないという「意見」もある。私は、A説とD説を支持する人である。ここでは、核兵器が人類を絶滅すると考えることは「妄想」だという意見を紹介して、少しだけコメントすることにする。

ギュンター・アンダースという人

まず前提を示しておく。1902 年に生まれ、1992 年に亡くなったギュンター・アンダースという人がいる。私は、彼が、人間が核兵器を発明し、それを使用したことを理由として、「われわれは死を免れぬ種族＝人類という状態から、『絶滅危惧種』の状態へと移ってしまった」と指摘していたことを知ってから、彼に興味を覚えている。「核持って絶滅危惧種仲間入り」という私のお気に入りの川柳の精神を 1960 年に先取りしていることに感動したからである[1]。

哲学者の戸谷洋志は「アンダースは、広島・長崎への核攻撃に大きな衝撃を受け、ここから現代社会が直面している脅威を多面的に分析し、優れた著作を残した」と紹介している[2]。

アンダースは、1958 年、日本原水協の招待に応じて、原水禁世界大会に参加している。その時、広島の農家のおばあさんと腕を組んで炎天下を

行進している[3]。そして、ヨーロッパにおける反核運動のリーダーの一人であった[4]。付け加えておくと、彼は被爆者と交流しただけではなく、広島への原爆投下を指示したパイロットであるクロード・イーザリーとも交流している。イーザリーは、自分の行為に恐れおののき懺悔したため、精神を病んでいるとして軍の病院に収容された人であるが、アンダースはそのイーザリーと文通したのである[5]。彼は哲学の学位を持っていただけではなく、核兵器反対運動の活動家でもあった。「行動する哲学者」といえるだろう。

アンダースの主張

彼の意見はこうである。

今やわれわれ全部、つまり「人類」全体が、死の恐怖に直面している。ここでいう「人類」は、単に、今日の人類だけではなく、現在という時間的制約を超えた、過去および未来の人類も意味している。なぜならば、今日の人類が全滅してしまえば、同時に、過去および未来の人類も消滅してしまうからである。

原水爆の問題は、われわれに関係のあることなのだ。なぜなら、原水爆の標的にわれわれだってなるかもしれないからだ。原水爆の問題は特定の人々の専門分野に属しているという主張は間違っている。なぜならば、われわれは皆ひとしく、この問題について人間として専門家的特権など持っていないからだ。万人は平等に、可能なる終末の淵に立っている。だからこそ、いかなる人も、この危険に対して警告するための、平等の権利と義務を持っているのだ。

手段─目的という関係そのものを破壊してしまうような代物はもはや手段ではない。「原爆が単なる手段だ」などと言う詭弁に騙されるな。また、「もっぱら威嚇に使われるだけで、実際の使用を目的としていない」などとうまいごまかしをいう連中のことを信用してはならない。最後の最後まで使用されないために生産されたものなど、歴史上存在したことはない。

原水爆の問題を戦術的見地からのみ論議しようとする一切の試みをボイコットせよ。自らが作り出したモノによって、自滅の脅威に人類が脅かされている本筋に引き戻せ。「政治的に現実性を欠いている」と嘲笑されて

も決してたじろぐな。現実性を欠いているのは、戦術的考察以外に考える能力のない輩だ。

　現存する原水爆や、その製造やその実験や貯蔵だけを対処として反対運動を続けるだけでは、十分ではない。われわれの目標は、その所有をやめるだけではなく、所有をしていても、絶対に使用はしないということでなければならない。

　原水爆の完全破棄という処置をもってしても、それは絶対かつ究極の保障たりえぬ。例え使用可能のチャンスが訪れようとも絶対に行使しないという決意を一瞬も捨てないことこそが真の保障である。

主張の整理

　以上は、彼の 1959 年 7 月 2 日付のイーザリー宛の手紙に添えられている「原子力時代の道徳綱領」の一部である [6]。彼の主張を以下のように整理しておこう。まず第一に、原爆が手段—目的という関係を破壊してしまうので、われわれ全員が「終末の淵」に立っている。第二に、「原爆が手段だ」とか「もっぱら威嚇に使われるだけだ」などという詭弁や誤魔化しに騙されるな。第三に、「政治的に現実性を欠く」などといわれてもたじろぐな。そして、現存する核兵器を完全廃棄したとしても、油断するなということである。

　第一は、核兵器問題を「他人事」ではなく「自分事」として考えようという提案である。第二は、核兵器を安全保障の道具だとする核抑止論に対する根本的批判である。第三は、自滅の危機を無視する現実論にたじろぐなということである。これらの主張は、この「道徳綱領」から 60 年余たっている現在でも、そのまま通用する鋭い内容を含んでいる。そして、「現存する核兵器を完全廃棄したとしても油断するな」という主張は、人間は核兵器の知識と技術を持っているのだから、その復活にも備えよという警告である。核兵器廃絶条約という法規範の向こうにある問題提起である。いかにも哲学者らしい視点といえよう。

　なお、ここで確認しておきたいことは、アンダースの思考の底流にあるのは「現在貯蔵されている核兵器の潜在的暴力がすでに絶対的なものになっている」という認識である。だから彼が、最も強く警鐘を鳴らしたのは、核兵器使用が起きるのは、国家間戦争ではなく、技術的なエラーや想

定外のアクシデントによって、言い換えれば、人間の自由意志では制御できない諸原因によって起こりうるということである[7]。これは、ウィリアム・ペリーの「事故や間違いによる核戦争は、意図的に起こされるのと同様に致命的だ。どんな理由で始まろうが、米ロの核戦力の規模と致死性により、我々の文明は終わりを迎えうる」という指摘と共通する問題意識である[8]。

アンダースへの評価

戸谷洋志は、アンダースの「善良で勤勉な人々が、良心的に自分の仕事を全うすることによって、結果として核戦争が引き起こされる」とか、「核戦争は平穏さの中で起きる。まるで核戦争が起きる気配がないときにこそ、核戦争は引き起こされる」などという記述を好意的に紹介している。そして、「特筆すべきは、彼が被害者だけではなく、加害者とも対話を試み、関係性を構築しようとした点だ。彼の思想は立場を超えた他者との対話の必要性を雄弁に物語っている」と評している[9]。

佐藤嘉幸と田口卓臣は、アンダースの目には、1954年のビキニの水爆実験の時点でも1979年のスリーマイル島の原発事故後でも、核の問題は一貫して「軽視された対象」と映っていたとしたうえで、「私たちはアンダースの考えに同意する。原発であろうと核兵器であろうと、どちらもひとしく廃絶しない限り、次なる核カタストロフィーの発生は十分に想定されるからである」としている[10]。ちなみに、「次なる破局は起きない」と言うことは自分が「白痴」であると告白するようなものだとしているのはこの二人である。

ところで、アンダースに対する評価は、以上のような好意的評価だけではない。國分功一郎は次のように評している[11]。

地球を全滅させるような核戦争は本当に可能なのでしょうか。そのイメージはどこか誇張的ではないか。20メガトン級の水爆だと、だいたい半径13キロくらいが完全に破壊されます。これで全世界を破壊するとなったらすごい数の水爆が必要になるわけです。核兵器が非常に強力な破壊力を持っていることは間違いないけれど、アンダースのように手段になりえないとか、目的も何もかもすべては破壊しつくすと考えるのは、悪い

意味で哲学的な妄想ではないかという気がするのです。僕だって、世界から核兵器がなくなって欲しいと思っている。しかし、彼はどこか哲学を弄しながら、何か誤った絶対化を行っているのではないか。

　國分は、アンダースを「悪い意味で哲学的な妄想」をする人。核戦争によって人類が滅亡するなどという「誤った絶対化」をしている人と評価しているのである。戸谷の評価とは全く違うことになる。
　ついでに言っておくと、國分は「彼の論文には原子力発電の話が全く出てこないのです。『時代おくれの人間』第5版の序文で触れているけれど、それまで、原子力発電に言及していない。どうしてそうなってしまったのか、その理由を考えたい」ともしている。これは、佐藤・田口の評価とは180度ちがう否定的なものである。

感想
　現代は「原子力時代」、「核の時代」である。人類が核分裂エネルギーを利用する時代である。その時代をどう見るのかは、哲学を研究する人によってこれほどまでに違うのだということを知ることができたことは大きい。けれども、誰の本を読むかによって、「原子力時代」、「核の時代」の理解は大きく変わることになるのだと思うと、背筋が寒くなる。
　國分がアンダース評価をしているのは2019年発行の『原子力時代における哲学』においてである。國分の著作では、現在、核弾頭が14000発弱ほど存在し、そのうちの多くは「警報即発射」体制にあることも、この75年間に、何度も、核兵器が誤って発射されそうになったことも、核兵器使用による気候への影響などもすべて捨象されている。「核兵器のいかなる使用も人道の諸原則及び公共の良心に反する」（核兵器禁止条約前文）などという倫理上の問題意識もない。彼は「次なる破局」を想定していないのである。佐藤・田口によれば、國分は「白痴」ということになるであろう。
　私には難しい哲学論争を理解する意思も能力もない。けれども、人間の現実の営みも、人間の認識の有限性も、人間の行為の不完全性も軽視する哲学は信用できないという程度の知恵は持ち合わせている。
　私は、現在の人類社会には、意図的であるか事故であるかは問わず核兵

器が使用される危険性も、それによって「壊滅的人道上の結末」が起きる
危険性も存在していると考えている。それは核兵器禁止条約の現状認識で
ある。また、信頼できる科学者の「終末まで100秒」という警告でもある。

　私たちは、客観的に存在するリスクを主体的に認識することから始めな
ければならない。私には、アンダースを「悪い意味で哲学的な妄想をする
人」と評価する人の方が「たちの悪い妄想をする人」と思われてならな
い。（文中敬称略・2021年1月2日記）

1　拙稿　「核持って絶滅危惧種仲間入り」日本反核法律家協会ＨＰ
2　戸谷洋志『原子力の哲学』集英社新書　2020年
3　ギュンター・アンダース著　青木隆嘉訳『核の脅威─原子力時代についての徹底
　的考察　─』法政大学出版局　2016年
4　ギュンター・アンダース、クロウド・イーザリー著　篠原正瑛訳『ヒロシマわが
　罪と罰』ちくま文庫　1987年
5　同上
6　同上
7　佐藤嘉幸、田口卓臣共著『脱原発の哲学』人文書院　2016年
8　ウィリアム・ペリー他著　田井中雅人訳『核のボタン』朝日出版社　2020年
9　戸谷洋志　前掲著
10　佐藤嘉幸、田口卓臣　前掲著
11　國分功一郎『原子力時代における哲学』晶文社　2019年

■■　コラム　

核を手放さない日本政府と政治家

　2月4日、核兵器廃絶日本ＮＧＯ連絡会の共同世話人の一人として、外
務省との意見交換会に参加した。この連絡会は、日本原水爆被害者団体協
議会（日本被団協）などのＮＧＯで構成する核兵器廃絶を求めるネット
ワークである。外務省からは、國場幸之助外務大臣政務官と大野祥軍備管
理軍縮課長が対応した。意見交換の目的は、政府に核兵器禁止条約への署
名と批准を求めることと、①核兵器禁止条約発効の意義、②安全保障政策
における核兵器の役割の低減、③「北東アジア非核兵器地帯」構想、④米
国バイデン政権誕生で注目される先制不使用政策への対応、⑤核不拡散条
約（NPT）第6条の核軍縮義務の履行、⑥核兵器禁止条約締約国会議への

オブザーバー参加などについて議論することであった。

　政府の基本的スタンスは、禁止条約には入らないということである。その理由は、大きく分けると二つである。一つは、核兵器のない世界の実現のためには、核兵器国がその方向に進まなければならないが、どの核兵器国も禁止条約に反対している。だから禁止条約には意味がない。もう一つは、わが国を取り巻く安全保障環境からして、米国の核という抑止力が必要だという理由である。核抑止論、拡大核抑止論である。北朝鮮、中国、ロシアという核兵器国と対抗するためには米国の核が必要だという思考回路である。
　けれども、「核兵器のない世界」を実現したいということでは皆さんがたと共通しているので、二人三脚でやっていきたいとしている。

　「核兵器のない世界」を目指すとはいうけれど、米国の核を抑止力とするというのだから、結局、当面は核兵器をなくす意思はないということである。2009 年。プラハで、オバマ米国大統領（当時）は、「核兵器のない世界」は「私が生きているうちは実現しないかも…」と言っていたけれど、それと同様の言い方である。自分が生きている間は、絶対に核兵器を手放さないと言うよりも穏健かもしれないけれど、当面なくすつもりはないとの宣言である。究極的には廃絶するということは、いつ来るか分からないし、それは急がないということである。急ぎたい私たちとは、そもそも発想が違うのである。「ゴールは一緒だ。アプローチが違うだけだ」というけれど、今どうするかということでは雲泥の差があることを忘れないでおきたい。そして、「橋渡しをする」ということは、核兵器の廃絶を遅らせようという提案であることも確認しておきたい。
　そんな政府の態度は先刻承知しているけれど、二人三脚でやりたいというので、付き合いは続けている。ＮＧＯ連絡会だけではなく、日弁連のシンポや反核法律家協会のイベントにも参加してもらっているし、必要な配慮もしている。それが紳士的態度だと思うからである。一緒に進もうと言いながら、動くつもりがないのもひどい仕打ちとは思うけれど、こちらから絶縁状を出すのは大人気ないと考えているからでもある。その昔、レーニンは「紳士諸君。お先に撃ちたまえ」と言ったという。こちらが焦る必

要はないのだ。政府が「同席しない」というまで、苦痛ではあるが「同席」するつもりでいる。彼らも「針の筵に座らされているようだ」と言っているという。我慢比べはいつまで続くのであろうか。

　そんな私は、この意見交換会で、一つだけ質問した。「あなた方は、核兵器に依存しない安全保障政策を検討したことがあるのか。抑止論は軍拡競争を招くし、核抑止が破綻すれば核兵器の応酬になるだろう。抑止が破綻しないという保証はあるのか」という質問である。担当課長は、「安全保障政策は私たちだけで決めているわけではないのでお答えできない」ということだった。昔、別の担当課長が、「ほかに政策があるなら、教えてもらいたい」と言い放っていたことがあったけれど、結局、彼らは、米国の核兵器に依存する以外の方策については考えていないようである。典型的な「思考停止」である。
　北朝鮮は、米国と対抗するために、核とミサイルを開発している。日本はその北朝鮮の脅威を喧伝しながら、米国製武器の爆買いをしている。米国政府とロッキード社が、防衛省に兵器の売り込みに来ていたというニュースもある。使用したら、敵や味方だけではなく、地球が滅亡するかもしれない兵器に依存する危険性と愚かさを直視しない政府の発想にはほとほとあきれてしまう。核抑止政策の有効性や限界について何も考えないという没論理的な態度や、核兵器使用がもたらす非人道的な結末を避けようとしない倫理観の欠如を容認することはできない。

　この政府の拡大核抑止政策に賛成しているのは、与党だけではない。2月12日に行われた、ＮＧＯ連絡会主催の各政党との「核兵器禁止条約と日本の核軍縮政策に関する討論会」で、立憲民主党の岡田克也氏や国民民主党の玉木雄一郎氏は禁止条約の発効については一定の評価をしつつ、米国の核の傘による安全保障の必要性を指摘して、禁止条約への参加には賛成していなかった。拡大核抑止政策を承認しているのである。
　「有事法制の廃止と立憲主義の回復を求める市民連合」は、禁止条約への加盟を求める政策を提言している。この二人の発言を聞いて、この提言を、立憲民主党や国民民主党が受け入れるのかどうか、大いに不安を覚えている。国家安全保障の道具として、核兵器の役割を承認するのかどうか

という、根本的問題だからである。核兵器は「悪魔の兵器」なのか「秩序の兵器」なのかという二者択一である。

　私は、核兵器に依存する国家安全保障政策を掲げる政権構想に同意することはできない。自国と他国の民衆はもとより、人類社会の滅亡を容認する「核抑止論」を絶対に拒否するからである。（2021年2月14日記）

■　コラム
ロシア大使館での核兵器廃絶談義

ロシア大使館からの招待

　私は「非核の政府を求める会」の常任世話人の一人である。1986年に発足したこの会は、核戦争の防止・核兵器廃絶、非核3原則の厳守など「非核五項目」を掲げて活動するNGOである。この会が、「被爆75年を核兵器禁止・廃絶への転換の年に」と題する要望書を各国大使館に送付したところ、ロシア大使館から、ぜひ意見交換をしたいとの返事が来たのである。私の知る限り、このような「要望書」に応えて、大使館から声がかかるということはなかった。核兵器国の大使館はもとより、公権力が、進んで、反核平和NGOに意見交換を求めるなどということは前代未聞であろう。しかも、使用言語は日本語でいいというのである。私たちにこの申し出を断る理由はない。

大使館訪問

　8月27日、会の常任世話人の野口邦和さん（放射線防護学の専門家）、斎藤俊一事務室長と三人で、在日ロシア大使館を訪問した。カガネツ・アンナさん（三等書記官）とチャスニフ・ニコライさん（アタッシェ）の二人が、私たちを迎え入れてくれた。体温を図られた後、応接室での会談となった。斎藤さんから、意見交換の機会を設けてもらったお礼と会のスタンスを説明した。そして、時間はどれほどとってもらえるのかと聞いた。特に制限を設けていないということであった。外務省などを訪問すると、時間の制約は厳しいものがある。しかも、自由な意見交換などはな

く、誰がしゃべっても同じような答えしか返ってこないことが多い。そうでないだけでもすごくうれしい。アンナさんやニコライさんが、ロシアの核政策に重要な影響を与えるということはないかもしれない。私たちも、日本政府に直接影響を与える立場にはない。そういう意味では、政治的影響は限りなく小さい。でも、無意味ではないであろう。

アンナさんの発言

アンナさんは、ロシアでも、広島・長崎は大きな惨事として受け止められている。核兵器は廃絶されるべきものと考えている。核不拡散条約（NPT）は核兵器廃絶を目指すものだ。来年予定されている再検討会議では、各国の意見の違いで、最終文書が作成されないかもしれない。ＮＰＴ体制は強化されなければならない。中距離核戦力（INF）全廃条約が解消されたのは残念だ。新ＳＴＡＲＴ（戦略兵器削減条約）は大事な条約なので延長したい。ロシア政府は妥協点を探している。核兵器禁止条約のイニシアチブには敬意を覚えるけれど、核兵器国の意見をもっと聞く必要があった。核兵器の廃絶には、すべての国が安全を確保できるように、地域的事情、テクノロジーの進化なども考慮して、戦略的なアプローチが必要だ、などというものであった。私たちが共感できるところもあるし、意見の相違もある。特に、彼女の核兵器禁止条約への理解は、核兵器国の外交官らしいもので、私たちと論争になった。

それはともかくとして、ロシアの学校では、戦争についても教えられており、その行き着いた先が、核兵器の使用だと教育されているという。このテーマで、日本語で話すことは自信がないと言いながらも、言葉を選びながら、自分の言葉で語ってくれることに好感を覚えたものだった。原稿を棒読みするなどということはなかったからである。

私の意見

私は在日外国大使館の中に入るのは、これが２回目だ。2014年７月に、マーシャル諸島共和国大使館に、同国政府が、国際司法裁判所に核兵器国を相手に「核兵器廃絶交渉を開始せよ」と提訴したことを支持すると伝えに行った時以来である。同国の大使館は、マンションの一室だったけれど、ロシア大使館は規模が違う。私は、せっかくの機会だから、伝えたい

ことは整理しておいた。

プーチン大統領令に対する懸念と注文

　まずは、プーチン大統領が最近発出した「核兵器の使用条件に関する規定」についての懸念である。この大統領令は、通常兵器による攻撃やサイバー攻撃などにも核兵器使用が行われうるとしている。この規定は、アメリカの2018年の「核態勢見直し」など同様に、核兵器使用の敷居を下げるものであり、核兵器使用による「大惨事」につながることになる。核兵器の使用は人類社会を滅亡させる危険を含んでおり、この大統領令を容認することはできない。両核超大国の核政策は核軍拡競争を激しくする。核兵器問題は、米ロ政府や核兵器国だけの問題ではなく、私たち一人ひとりが当事者である。トランプ大統領と同じようなレベルで対応することはやめてもらいたい。ロシアとしてのイニシアチブを発揮してもらいたい、という注文である。

ロシアの文化とソ連の歴史

　私は、ロシアの文化やソ連の歴史には、核兵器のない世界を実現する上で参考とすべきことがあると考えている。そのこと関連して、以下の三点についての発言をした。

　まずは、ロシアの文化と伝統である。私は、ロシアの作家たちの作品は、それなりに読んできた。特に、印象に残っているのは、ゴーリキーの「どん底」である。その中でのルカとサーチンの人間と神についての対話は印象的だった。このような文学作品を生み出すことのできるロシアの文化と伝統には素晴らしいものがあると考えている。

　次に、1960年代前半、キューバ危機に際して、当時のフルシチョフ首相は、キューバからのミサイル撤去に応じた。ケネディ米国大統領は、核戦争によって多くの子どもたちが死亡する情景を想定していたけれど、核戦争を選択しようとした。フルシチョフ首相は、核兵器の威力を軍高官から説明を受けた時、何日か眠られない夜を過ごしたという。フルシチョフ首相の決断が、人類の滅亡をもたらしたかもしれない核兵器の応酬を避けたのだと思う。フルシチョフ首相の行動を評価している。

　更に、1985年ソ連共産党の書記長に就任したゴルバチョフ氏は、資本

主義体制と社会主義体制を超える人類共通の利益と価値がある、国際紛争解決のために武力は行使しないという二つの原則を念頭に、レーガン米国大統領との間で信頼関係を築き、核兵器の削減を実現した。ゴルバチョフ氏は、核戦争に勝者はいないと断言していた。私は偉大な政治家だと思っている。これらの事実に照らせば、ソ連は、アメリカの思惑を超えて、歴史を動かしてきたと評価できる。プーチン大統領にも、トランプ大統領を超える発想で、核兵器のない世界実現のためのイニシアチブを発揮してもらいたい。

　このような発言が、ロシアの二人にどのように受け止められたかはわからない。けれども、アンナさんは、「核戦争に勝者はいない」ということには大いに共感していたようで、「私もそう思う。だから核兵器は使用されてはならない」と発言していた。

使用してはならない核兵器に依存することの意味

　アンナさんも「核兵器を使用してはならない」と言っていた。プーチン大統領令は「ロシア連邦は、核兵器をもっぱら抑止手段とみており、その行使はやむを得ない非常手段」としている。主観的に「使用しない」、「使用してはならない」としていても、いざとなれば使用するとしている限り、核兵器はなくならない。また、人為的ミスや計器の故障で核兵器が発射される可能性は否定できない。核兵器禁止条約はその危険も避けようとしている。

　プーチン大統領令は「その故障が核戦力による応戦行動の阻害につながるようなロシア連邦の死活的に重要な施設に対する敵の作用」（サイバー攻撃）があった場合には核兵器使用を想定している。結局、核兵器が存在する限り、人類社会に「壊滅的人道上の結末」（大惨事）が発生する危険は継続するのである。他方では、「使用してはならないもの」に巨額の資金や人的資源が注ぎ込まれている。ここには巨大な無駄がある。人類社会には、その解決が求められている課題が山積している。危険で無駄なものは一刻も早く廃棄しなければならない。

感想

　私は、ロシア大使館で、1時間30分以上にわたる貴重な時間を過ごす

ことができた。アンナさんは、核兵器は廃棄されるべきだと言いなが
ら、抑止力としての核兵器への依存からは解放されていなかった。けれど
も、彼女は、核抑止論を強調することはなかった。私たちがどのような会
なのかを承知しているのだから、外交官とすれば当然のことかもしれない。

　彼女は、自分には中学生の妹がいることに触れながら、地球の未来や次
世代にどのような社会を残すかについて、新型コロナや気候変動も含め
て、真剣に憂慮していた。

　私たちとの意見交換の機会を提供してくれた彼女に感謝したい。そし
て、私たちの意見が、何らかの形で、生かされることを期待しておくこと
とする。(2020年8月28日記)

第2章

コロナ危機の中で核兵器廃絶を考える

　この章の文章は、『前衛』2020年9月号に掲載されたものである。6月12日に脱稿しているが、7月中旬までの情報はフォローしている。コロナ危機のなかでの核兵器をめぐる情勢を素描している。もちろん、その後の情勢は変化しているけれど、コロナ危機のなかでも、核兵器廃絶に向けてのたたかいは間違いなく進んでいることを確認して欲しい。いくつかの団体の活動も紹介している。また、憲法9条についても触れている。

はじめに

　今年4月、ニューヨークで予定されていた原水爆禁止世界大会とNPT再検討会議は、新型コロナの影響で、中止あるいは延期となった。世界大会と再検討会議は、いずれも核兵器禁止条約の発効に向けての跳躍台となることが期待されていた。批准書寄託国が36ヵ国となり、発効に必要な国の数まであと14ヵ国となっており、早ければ年内の発効もあるのではないかと想定されていたからである（現在は、5月19日にベリーズ、6月8日にレソトが寄託したので38ヵ国）。

　とりわけ、世界大会は、原爆投下75年、NPT発効50年という節目の年にふさわしい意義を持っていた。その第1は、原水爆禁止をテーマとする世界大会が、原爆投下国の大都市ニューヨークで開催されることである。これは、米国を含む世界の反核平和勢力の共同の成果である。第2は、大会のテーマに、核兵器廃絶だけではなく、気候変動や経済的格差なども含まれていることである。大会の呼びかけ文は、「人類は生存にかかわる二つの脅威に直面しています。高まる核戦争の危険と気候変動です。これらの危機は人間が作り出したものであり、大衆的な運動によって

のみ阻止することができます」としていた。第3は、この大会の共同主催者に、日本からは、日本原水爆被害者団体協議会（日本被団協）はもとより、原水爆禁止日本協議会（原水協）と原水爆禁止日本国民会議（原水禁）双方が名を連ねていたことである。日本の原水禁運動は、1962年以来、半世紀以上分裂状態にあったが、この世界大会での協力という形で修復されていることは歓迎される事態であった。

　このような画期的な意義のある世界大会が新型コロナの影響で実現できなかったことは残念でならない（ただし、オンライン会議は開催され、内容も充実していた）。

　私たちが、核兵器の廃絶を求め、気候危機を乗り越え、貧困や格差のない世界を求めるための運動を続けるうえで、新型コロナは妨害物となっている。私たちは、この疫病とのたたかいも、人類史的な課題として向き合わなくてはならないといえよう。他方、核超大国が、コロナ危機の下で、核軍拡競争を展開し、日本政府にそれを阻止しようする姿勢が全く見られないことも忘れてはならない。私たちは、コロナ危機の中でも核兵器廃絶という課題に取り組まなければならないのである。

コロナ危機の陰で進む核軍拡
【「中国への戦略アプローチ」】

　トランプ大統領は、「中国への戦略アプローチ」と題する報告書を議会に提出した。それによると、中国は、貿易・投資、表現の自由と信仰、政治的干渉、航空と航行の自由、サイバー諜報と窃取、兵器の拡散、環境破壊、世界的な保健問題などの分野で、多くの約束を果たしていない。中国の発展を封じ込めようとはしないけれど、穏健な外交が無益と分かれば、中国政府に対する圧力を強化し、見合う代償を課すことで国益を守る行動をとる。中国による大量破壊兵器の使用やその他の戦略攻撃の抑止を意図した新型核の開発など、核兵器の最新鋭化を重点的に進める。すでに実戦配備されている小型核弾頭Ｗ76－2や開発中の海洋発射型巡航ミサイル（SLCM）なども、ロシアだけではなく中国にも使う、などとされている（5月23日付『赤旗』他）。

　外交での成果がなければ新型核兵器の使用まで視野におく強硬姿勢を鮮明にしているのである。中国の行動に多々問題はあるけれど、「アメリ

カ・ファースト」で世界の環境問題などには目も向けず、ＩＮＦ全廃条約やイラン核合意から離脱し、更には、非武装偵察機の領空内飛行を相互に認める「領空開放（オープンスカイ）条約」からの脱退も通告していることを棚に上げ、新型核兵器による脅しをかけるやり方はあまりにも傲慢で危険な行為である。加えて、来年期限を迎える「新ＳＴＡＲＴ」の行方も危ぶまれている。もし、この条約が反故になるようであれば、核兵器国の手を縛る軍備管理条約は存在しないことになる。ＮＰＴは残るとしても、核軍拡競争は野放しになってしまう恐れが生ずるのである。

【核実験再開の動き】

　更に、5月22日、米紙ワシントン・ポスト（電子版）は、米国の政権内で、1992年以降実施していない核爆発実験を再開するかどうかの議論が行われたと報じている。同紙によると、5月15日に開催された国家安全保障関係の会議で、ロシアと中国は低出力の核実験を実施している。両国との交渉をするうえで、米国が「すぐに実験できる」ことを示せば優位に立てるとの議論になったという。実験再開については、核兵器を維持・管理する国家核安全保障局（NNSA）が「真剣な不同意」を示したので結論は出なかったようである。こうした議論について、アメリカのシンクタンク「軍備管理協会」のダリル・キンボール会長は「他の核兵器国へ後に続くように招くもの」、「前例のない核軍拡競争の号砲となるかもしれない」としている（5月24日付『赤旗』他）。

　この話し合いは今後も続くようであるが、もし、核爆発実験が再開されることになれば、「核軍拡競争の号砲」となり、核不拡散体制（ＮＰＴ体制）は瓦解するであろう。「壊滅的な人道上の結末」（核兵器禁止条約）が訪れる危険性が高まることになる。

日本政府の態度

　日本政府は、2020年版「防衛白書」の素案で次のような情勢認識を示している。

　中国は、自国に有利な国際秩序の形成を目指した国家間の戦略的競争を顕在化させようとしている。各国に医療専門家の派遣や物資の提供をしているが、社会不安や混乱を契機とした偽情報を用いた影響工作も指摘され

ている。東シナ海や南シナ海での活動の活発化は、各国が感染症の対応に
注力する中、周辺国から反発を招いている。北朝鮮は、内部の引き締めを
図りながら、体制の指導力や軍の体制維持をアピールしている。昨年5月
以降に発射されている短距離ミサイルは固体燃料を使用して通常の弾道ミ
サイルより低空で飛翔するので、ミサイル防衛の突破を意図している。米
軍内にもコロナ感染は広がっているが、安全保障任務の遂行には影響はな
いし、能力維持を図る、としている（5月23日付『毎日』）。

　中国の危険性や北朝鮮の行動を敵視しつつ、日米関係強化を図る姿勢が
顕著である。米中関係の緊張緩和や北朝鮮との融和政策などは全く問題に
されていないようである。もちろん、米国の核政策についての異議も述べ
られていないし、核兵器依存と武力行使容認の姿勢に変化はない。

広島・長崎原爆投下の死亡率

　ここで、広島と長崎への原爆投下による死亡率を紹介する。依拠するの
は広島市立大学広島平和研究所の水本和実さんの研究である（「核軍縮と
広島・長崎」、『核軍縮と不拡散の法と政治』信山社・2008年所収）。水本さん
は、原爆被害の危険性を雄弁に物語る数字として被災地域における死亡率
をあげている。広島市の死者数は、1945年12月末日までに約14万人±
1万人、長崎市は約7万4千人。1944年2月時点での広島市の人口は33
万6483人、長崎市は27万63人であるから、その死亡率は、広島市が
41.6±3％、長崎市が27.4％だというのである。

　広島市は「原爆による社会的被害の状況を死亡率の観点から考察すれ
ば、約40％以上の高い死亡率になる。この数値は、歴史上他に類を見な
い高い値であり、原子爆弾の非人間性、特異性を推測するのは容易であ
る」としている。私もそのとおりだと思う。その地域の40％が1年以内
に死んでしまうというのは異常であることは間違いないからである。

　私は、この死亡率に焦点を当てた原爆投下の残虐性を知らなかった（不
明が恥ずかしい）。今回のコロナ禍の中で読んだので印象深かったのかもし
れない。もちろん、この死亡率の異常な高さに触れたのは、コロナなんか
たいしたことはないというためではない（コロナ感染者に対する死者の割合
は2％前後）。75年前、人間が人間に対して、有史以来最悪の残虐行為に
及んでいたことを再確認したかったからである。

そして、現在も、原爆を投下したアメリカも、投下された日本も、そのことを真摯に反省していない。米国政府も日本政府も、コロナ対策はしているけれど、その陰では、核兵器依存を強め、首相権限を強化する機会を虎視眈々と狙っているのである。さらにいえば、安倍首相が執念を燃やしているのは、海外に自衛隊を展開できる憲法改悪である。要するに、米国と一緒になって、殺し合いで決着をつけるために憲法9条の制約を外そうとしているのである。そういう感覚の持ち主が、まともにウィルス対策などできるとは思われない。

　核兵器禁止条約の批准国は、6月7日のレソト（南アフリカ共和国にかこまれた内陸国）で38ヵ国になった。あと12ヵ国の批准と90日の経過で発効することになる。けれども、核兵器保有国と日本政府はその効力発生を妨害している。私たちの命と安全を脅かしているのは、コロナだけではなく、核兵器と軍事力に依存する政治リーダーたちでもある。コロナ対策には無能なリーダーが核軍拡競争にひた走る姿を見ていることは苦痛である。コロナとともに退場させなければならない。そのためにも、新型コロナの特徴について少し検討しておきたい。

新型コロナ危機は過ぎ去っていない

　6月12日現在、世界のコロナ感染者数は736万239人、死者数41万6201人である。感染者、死者ともにその数は減ろうとしていない。新型コロナの恐怖は、その感染が広く速いこと、感染経路が不明の場合があること、治療法が確立していないこと、予防ワクチンが存在しないことなどにある。加えて、療養者への見舞いや死者との別離が制約されていることも忘れてはならない。生命と健康、家族の見舞いや家族との別離は、人生の上で、最も大きな関心事であろう。

　問題はそれだけではない。この新型コロナ危機は、世界同時に発生しているので世界経済に致命的な打撃を与えている。世界中でヒト、モノ、カネの動きが停滞していることにより、多くの失職者が生み出されている（逆に、大儲けしている人たちもいるけれど）。政治の対応によっては、コロナで死ぬか、飢えて死ぬかという選択が迫られることになる。

　生命、健康が直接的に脅かされ、生活の糧を稼ぐ機会を失い、家庭内でのストレスも増大していることは、誰にとっても耐えられないことであろ

う。私たちは、コロナ危機の中で、いかに私たちの生存や生活が脆弱な基盤の上に成り立っているかを思い知らされている。

　更に、その国の政治指導者の能力と性格によって、その脆弱性に拍車がかかることになる。トランプ大統領は、世界最大の感染者数と死者が出ているにもかかわらず、そのことに対する直接的対処ではなく、中国やWHOに対する敵意を掻き立てて、保身を図っている。安倍首相は、すべての学校を休校にするという乱暴な措置をとったかと思えば、布マスクを2枚ずつ全戸に配布するという非効果的なことをしている。逆に、検査体制や治療体制の充実という喫緊の課題や、生活の糧を失った人々に対する支援には及び腰である。こういう国では、生命・健康の危機、仕事の場の喪失、家庭内問題に加えて、政治的課題も抱えることになる。

　ミシェル・バチェレ国連人権高等弁務官（チリ出身）は、コロナ危機に対処する女性指導者について、「非常にはっきりしているのは、女性が政治を率いている国はすべて素晴らしい成果を上げている。女性には断固として重要な決定を素早く下す能力があり、透明性を持って語りかけができる」と言っている（5月9日付『赤旗』）。

　この指摘は、トランプ大統領や安倍首相とドイツのメルケル首相とを比較すれば「そのとおり」と大きく肯きたくなる。

　整理しておくと、コロナ危機が私たちに問いかけているのは、生命と健康をどう維持するのか、深刻な貧困からどう脱出するか、社会的排除や不寛容をどう解消するか、家庭内の不和と軋轢をどうするか、自分の心身の安定をどう維持するかなどである。そこで、ここでは、その対処のための提案を紹介しておくこととする。

グテレス事務総長の呼びかけ

　国連のグテレス事務総長は、4月30日、感染拡大対策で重要な3分野を挙げている。第1は、世界的な停戦を達成することである。3月に行った停戦の呼びかけには114の政府などに加えて、200の市民社会組織が賛同しているという。ただし、内戦が続くイエメンでもコロナによる死者が報告されている。国連は、感染が発覚しないまますでに蔓延していることを懸念している。第2は、経済的苦難に直面している人たちに対処することである。3億人の職が失われ、貧困層が5億人増えるとして、途上国に

対する緊急の支援が呼びかけられている。すでに南アフリカでは暴動が起きている。第3は、「より良い回復のための計画」立案を今から始めることである。感染拡大の中で明らかになった脆弱で、不平等で、格差のある社会に対する対応が不可欠だとしている。そして、感染拡大からの回復を気候変動への対処と「手と手を取り合って」実施する必要があるとしている（5月2日付『赤旗』）。

　人間同士が殺し合いをしている場合ではない。途上国の貧困対策や公衆衛生や社会保障の改善が求められている。気候変動への対処も待ったなしである。脆弱で、不平等で、格差のある社会からの脱却が求められている。この時宜にかなった提案の実現が急がれる。

コロナ危機回復後の社会の展望

　志位和夫共産党委員長は、資本主義的なグローバル化が進む中で、新型コロナウィルスは瞬時に世界中に拡大した。この深刻なパンデミックの下で、資本主義体制そのものが試されている。この半世紀ほどを振り返ると、人類はこれまで遭遇したことのない細菌やウィルスによる感染症と直面してきた。世界的規模で多発する感染症は、無秩序な自然破壊という点では、気候変動とも同じ根を持つ問題だ。その恐るべき表れが瞬時に起きるか、長期の時間をかけて起こるかの違いだ。その根底には、利潤第一主義の資本主義的生産による人間と自然との「物質代謝」のかく乱という問題が横たわっているとしている（5月3日付『赤旗』日曜版）。

　「物質代謝」というのは、人間が自然に働きかけて、その生存と生活に必要なものを作りだす営みのことである。それがかく乱、つまり破壊されているというのである。志位さんは、コロナ危機収束のための努力を最大限続けつつ、「このような社会でいいのか」を問いかけたいとしている。

　グテレスさんも志位さんも、地球温暖化を視野に置き、コロナ危機収束後を展望して、今の社会の転換を呼びかけている。グテレスさんは「脆弱で不平等で格差のある社会」からの脱却を提案し、志位さんは利潤追求第一の資本主義的な生産様式を問題としている。グテレスさんの提案と志位さんの問題提起がどの程度重なり合うのか。それは、意見が分かれるかもしれないが、私は、社会に不平等や格差が存在し、社会が脆弱である主たる原因は、利潤第一の資本主義的な生産様式にあると考えている。

いずれにしても、コロナ危機を収束するためにも、コロナ危機収束後を考えるうえでも、トランプ大統領や安倍首相に任せておくことはできないことははっきりしている。それは集団自殺行為であろう。危機を乗り越えるためにも、危機収束後のためにも、資本や政府任せではなく、自分の頭で考え、自分の判断で行動することが求められている。その思考の範囲には資本主義社会でいいのかという問いかけも含まれるであろう。また、社会を主体的に形成するのだという主権者としての覚悟も求められている。

主権者としての覚悟

　資本主義社会でいいのかどうかは、とりあえず置いておくことにする。ここでは、生産様式の適否ではなく、いくつかの動きを紹介しておきたい。トランプ大統領や安倍首相の特徴についてはいろいろ言われているけれど、彼らの酷さを乗り越えようという主体的な取り組みは私たちを励ましている。主権者としての覚悟とは、国家であれ、社会であれ、家庭であれ、自分自身であれ、最終的な判断は自分自身で決めるということである。そのためには、真実の情報が十分に提供され、それを処理する能力が涵養され、その主体性は全ての人に平等に保障されていることが前提となる。これは、あらゆる恐怖と欠乏から免れ、平和のうちに生活することが名実ともに実現していることと通底している。そのことを考えるうえでのいくつかの運動を示しておく。

ＮＧＯの声明

　5月11日、世界の80以上の反核市民組織（NGO）が、核不拡散条約（NPT）締約国に対して共同声明を発している。声明は、三つのことを提案している。第1は、すべての国はＮＰＴ体制存続のためにその義務を果すこと。第2は、世界的諸問題や核の紛争の危険に対して、責任ある諸国はリーダーシップを発揮すること。第3は、政治的対立を乗り越え、核兵器を終わらせる努力をすることである。

　要するに、加盟各国に、ＮＰＴ6条の目標（核軍縮の誠実な交渉と完結）に向けた行動計画を作成し、軍縮に必要な機運を醸成し、核戦争の惨禍から人類を救うための努力を求めているのである。タイムリーな声明だと思う。

声明の背景にあるのは、今、世界は新型コロナのパンデミックの中にあるが、地球規模で悪化する気候危機や、核戦争の脅威という「パスポートなき問題」を見失ってはならないという問題意識である。このパンデミックが世界的に大規模な危機を引き起こしているのは、複合的な政治的失敗によるものである。各国政府は、国境を越える脅威とその影響についての科学者からの警告を無視してきた。私たちはコロナウィルスとのたたかいだけではなく、核戦争の脅威を減らし核兵器を廃絶するための転換点にもある。世界の核保有国間の緊張は高まり、核使用のリスクは増大している。核兵器の改良のために何十億ドルも費やされている。核軍拡競争が深刻である。利益を優先し、力の強い者に特権を与えるような見せかけの「国家安全保障」政策によって科学を無視することは許されない、という問題意識である。

　この声明のあて先は、核不拡散条約（NPT）締約国であるが、地球規模で悪化する気候危機や利益を優先し力の強いものに特権を与えることの問題点にも触れられていることにも注目してほしい。この問題意識は多くの人々に共有されているところである。

青年たちの行動

　3月後半、核兵器廃絶日本ＮＧＯ連絡会に結集する青年たちが、被爆者と共同しながら、核兵器禁止条約発効に向けての協力要請に外国大使館（インドネシア、モンゴル、アルジェリアなど7ヵ国）を訪問したり、国会議員への働きかけなどをしている（ＮＧＯ連絡会のＨＰを参照のこと）。彼らにとって、核兵器の脅威からの解放は、気候変動への対抗、利潤追求優先や「力による支配」への抵抗と同様に、自らの未来を切り開くための営みなのである。

　憲法11条は「国民は、すべての基本的人権の享有を妨げられない。この憲法が保障する基本的人権は、侵すことのできない永久の権利として、現在および将来の国民に与えられる」とし、12条は「この憲法が保障する自由及び権利は、国民の不断の努力によって、これを保持しなければならない。また、国民は、これを濫用してはならないのであって、常に公共の福祉のためにこれを利用する責任を負う」としている。青年たちは、将来に生きる者として、自由と権利の保持のため、不断の努力をして

いるのである。そんな青年たちの行動を孤立させてはならない。

宗教者と国会議員の団体の外務省への提言

　4月27日、世界宗教者会議日本委員会と核軍縮・不拡散議員同盟日本が、「核兵器廃絶に向けた共同提言文」を発出している。前者は、世界の諸宗教のネットワークを活用し、国際協調、核兵器廃絶・軍縮、環境問題、難民問題などに積極的に取り組んでいる組織である。会長は庭野日鑛立正佼成会会長。後者は、核軍縮を政策に反映させるための国会議員による超党派の議員連盟である。会長は空席、副会長は近藤昭一衆議院議員（立憲民主党）、事務局長は鈴木馨祐衆議院議員（自民党）である。

　この両団体が、「被爆者の努力にもかかわらず、13,800発余りの核兵器が現存している。新たな核兵器開発の姿勢を示す国も存在している。終末時計は100秒前とされている。自国優先主義がはびこり、多国間における核軍縮交渉の枠組みが行き詰っている。『他者と自己の幸福は本質的に共有されるものである』という哲理は、核兵器廃絶への地球市民の共感を呼び起こし、世界の為政者に対しては、核兵器が絶対悪であるとのメッセージとなっている。核兵器のない世界は、倫理的・道徳的側面にとどまらず、法的な側面からも追求されなければならない。宗教者と政治家が大きな役割を果たさなければならない」として日本政府に核抑止政策の信ぴょう性の再検証を求めているのである。

　私はこの提言に共感する。その理由は、超党派の国会議員と宗派の違いを超えた宗教者が、「核兵器なき世界の実現」という共通の目標に向かって、政府に核抑止論の再検証を求めているからである。これは、核抑止論という核兵器を国家安全保障の切り札とする「理論」に対しての根本的批判であることを確認しておきたい。

　ところで、提言は、人類は「戦争の違法化」に挑み続け、「非戦」の思想にたどり着いたとしている。私もそう思う。けれども、私としては、その「戦争の違法化」や「非戦」の思想が、日本国憲法に結実していることにも触れて欲しかった。戦争放棄、戦力不保持、交戦権否認という徹底した「非戦」の思想が憲法規範とされたのは、核のホロコーストが一因である。「核の時代」に紛争を武力で解決しようとすれば、人類の破滅をもたらす。その破滅を避けようとすれば、戦争と戦力を放棄しなければならな

いという論理である。

　私は、核兵器のない世界を構築するうえで、日本国憲法は極めて有用だと考えている。日本国憲法は徹底した非戦の思想を基礎として、政治権力を拘束するものだからである。世界から戦争がなくならなければ核兵器はなくならないわけではないが、「非戦」の思想を徹底している日本国憲法は、核兵器のない世界を求める私たちの大きな拠りどころである。そのことを両団体にも共有してもらいたいと思う。

核戦争に反対する医師の会の声明
　５月１日、核戦争に反対する医師の会は、次のような声明を発出している。

　新型コロナウィルスは、世界中の人々のいのちを脅かしています。私たち医療に従事する医師は、病院や診療所でその最前線にたち、患者の治療にあたっています。日本でもすでに、医療の現場では、マスクやフェイスシールド、エプロン、消毒液などの感染防御の最低限の物資さえも不足し始めています。私たちは訴えます。紛争や争いごと、核兵器などの軍事費に巨額のお金を使うことをやめること。人類の生存を脅かす地球温暖化を防止すること。そして、人間が幸せに生きていくために、医療や福祉などの社会保障、教育などにそのお金を使うことを。

　新型コロナウィルスは、世界最強の軍事力を持つアメリカにいともたやすく入り込み、多くのアメリカの国民のいのちを奪っていることを考えると、軍事力を強化しても、国民の安心・安全は保障されないことを証明しています。未知の感染症、地球温暖化、さらには核戦争の危機によって、人類の生存そのものが問われている時に、自国だけが武力によって生き残ろうとする考え方の愚かさが明らかになっています。

　今こそ、軍事力に頼る「国家の安全保障」から、人間一人ひとりを大切にする「人間の安全保障」という方向にパラダイムシフトすべきだと考えます。

　明快な声明であり、特段のコメントは不要であろう。

反核法律家たちが取り組もうとしていること

核兵器の廃絶を目指す世界と日本の法律家は次のようなことを考えている。

まずは、核兵器禁止条約を早期に発効させることである。現在、批准書の寄託国は 38 ヵ国だから、あと 12 ヵ国の寄託と 90 日の経過で条約は発効することになる。その発効のために尽力したい。しかし、核武装国が核兵器禁止条約をすぐに批准すると思われないので、他の解決策も提案したい。例えば、モデル核兵器条約を基礎にした査察を伴う核兵器削減交渉の推進、包括的核実験禁止条約（CTBT）の推進などである。

また、核軍縮と国連の人権メカニズムを架橋することである。例えば、2018 年、自由権規約の実施機関である国連人権委員会は、「無差別的で、壊滅的規模で人命を破壊する核兵器の威嚇または使用は、生命に対する権利の尊重と相いれず、国際法に基づく犯罪に該当しうる」という一般的意見を採択しているが、反核法律家はこのことに貢献している。

更に、ウラン採掘、劣化ウラン、核実験、軍備取引条約（Arms Trade Treaty）の観点からの武器輸出などにかかわる国内および国際訴訟の提起。核軍縮の停滞と核武装国が核兵器の近代化に巨額の投資をしていることを考慮し、再度、国際司法裁判所の勧告的意見を得ることを目的とした新しいキャンペーンに着手すること、なども検討している。

気候変動問題を考慮に入れることも必須である。将来世代、人権、開発・発展問題と結びつけなければならない。現在のパンデミック危機は現代の相互に関連し合っている社会の脆弱さを明らかにした。核軍縮と環境保護には類似点がある。核兵器も気候変動もまさに人類の文明の将来に脅威をもたらす。環境保護も核軍縮も多国間条約に基づくグローバルプロセスを必要とする。法律家が貢献できる課題は多い。

まとめ

兵器はどんなに高額で効率的なものを作ったとしても、死と破壊以外何も生み出さない。その兵器が強力であればあるほどその傾向は強まることになる。核兵器がその典型である。軍隊は国家の安全装置だとされているが、ウィルスには勝てないことがはっきりしている。人民の安全と幸福の確保が政府の最優先課題だとすれば、そこに資源を投入することこそが最

優先である。軍事費に優先してウィルス対策への支出が求められている。国家同士、人間同士が殺し合いをしている場合ではない。

　もう一つの問題は、ウィルスに襲われると、増殖する資本もあるけれど、経済活動から排除され、生存と生活を根底から脅かされる人々が大量に生み出されることである。今、多くの人々が、脆弱な基盤の上にその生存と生活を築いていることが白日の下にさらされている。経済活動、つまりは、人が生存していくために必要なものを確保する土台をもっと強固にしなければならない。資本の都合の範囲でしか生存と生活が維持できないような社会は変革されるべきであろう。

　「アメリカ独立宣言」は、政府が目的（人民の生命、自由、幸福追求権の確保）に反するようになった時、人民には、政府を改造し、廃止し、新たな政府を樹立して、人民の安全と幸福をもたらす権力を組織する権利があるとしている。

　アメリカ人民だけではなく、世界の人民は、その政権に不満であるならば、自身の安全と幸福をもたらす政治権力を組織することができる。それは権利であり義務である。そして、それが民主主義である。ウィルスとのたたかいに軍事力は無力である。資本に頼りきっているとウィルスにやられる前に貧困に負けることになる。そんな境遇から抜け出して、自らの力で自らのための政治権力を組織することが求められている。

付記。

① 2021年7月16日現在、批准国は、55ヵ国になっている。

② 新型コロナウィルスの感染者は7月17日現在で1380万5626人、死者数は58万9978人となっている。（2021年6月5日現在、感染者：1億7258万9646人、死者:371万2569人）

③ 2020年版防衛白書は7月14日公表されている。

④ トランプ大統領はWHOから脱退すると通告した。（バイデン政権はその方針を転換している。）

第3章

「核抑止論」の虚妄と危険性
―現代日本の「核抑止論」を批判する―

　この章は『前衛』2020年11月号に掲載された「『核抑止論』の虚妄
と危険性」―現代日本の「核抑止論」を批判する―（脱稿は9月9日）と
「ブレジンスキーは妻を起こさなかった」の2本の文章で構成されてい
る。核兵器は戦争をさせないための兵器であるとする「核抑止論」に対す
る批判である。現代日本の核抑止論者の論稿を対象としている。ブレジン
スキーは米国カーター政権時代の大統領補佐官である。彼は、ソ連からの
核攻撃があったとの虚報に核戦争を覚悟して、妻を起こすことはしなかっ
たという。核抑止論の虚妄の一例である。

はじめに

　今年は、核兵器が初めて使用された時から75年。核兵器の不拡散、軍
縮、核の「平和利用」を三本柱とする核不拡散条約（NPT）が発効してか
ら50年という節目の年である。3年前の7月に国連で採択された核兵器
禁止条約の批准国は、9月7日現在で44ヵ国となっている。批准国が
50ヵ国を超え、90日が経過すると、核兵器禁止条約は発効するので、来
年1月に予定されているNPT再検討会議前後の発効が期待されてい
る。発効すれば「核兵器のない世界」に向けての重要な法的枠組みが形成
されることになる。核兵器は「汚名」を着せられ、「正統性」を剥奪され
るのである。けれども、米国、ロシアなどの核兵器保有国をはじめ、日本
を含む核兵器依存国は、核兵器禁止条約に反対しているので、「核兵器の
ない世界」の実現には、まだまだ困難なたたかいが続くであろう。核超大
国や日本政府は頑強だからである。

反対の背景にある「核抑止論」

　核兵器国の反対の背景にあるのは「核抑止論」である。「核抑止論」とは、後で詳しく見るように、アメリカにルーツを持つ、核兵器を「国際政治の道具」、「秩序の兵器」、「長い平和」をもたらす国家安全保障に必要不可欠なものとする「理論」である。単純にいうと、核兵器で敵国を脅し、敵国の行動を制御し、自国を攻撃させないようにして、自国の安全を確保しようという「理論」である。こういう「理論」を信奉する勢力は、ＮＰＴの枠組みは認め、核の不拡散や「平和利用」については熱心であるが、核兵器の廃棄については消極的になる。そして、核兵器の使用や威嚇はもとより、核兵器を全面的に禁止する核兵器禁止条約は、厳しい国際政治の現実を見ない空論だとして非難し反対することになる。

日本政府の「核の傘」依存

　日本政府も核兵器禁止条約に署名も批准もしないとしている。その背景にあるのは「核の傘」依存政策である。例えば、国防の基本方針とされている国家安全保障戦略は「我が国は、世界で唯一の戦争被爆国として、核兵器使用の悲惨さを最も良く知る国であり、『核兵器のない世界』を目指すことは我が国の責務である」とする一方で、「核兵器の脅威に対しては、核抑止力を中心とする米国の拡大抑止が不可欠であり、その信頼性の維持・強化のために、米国と緊密に連携していく」としている。「核兵器のない世界」を口にはしているけれど、米国の拡大抑止、つまりは米国の「核の傘」に依存するとしているのである。

　米国の「核の傘」に依存しながら、「核兵器のない世界」を実現することは矛盾である。けれども、政府は、そこには何の矛盾もないかのように振舞っている。北朝鮮の核・ミサイルや、中国の軍事力の拡大など、わが国を取り巻く安全保障環境には厳しいものがある。それと対抗するためには、米国の「核の傘」が必要である。核兵器をなくせるのは、それがなくてもわが国の安全保障が確保できる環境が整ったときであるというのである。結局、それまでは核兵器に依存することになるので「核兵器のない世界」は究極の目標となる。「核兵器のない世界」の実現を提案したオバマ前米国大統領が「私が生きているうちは無理」と言っていたこと重なる発想である。

国家安全保障を武力によって確保しようとする限り、核兵器は「絶対的な最終兵器」なので、核兵器の役割は終わらない。そして、抑止力強化の掛け声で核軍拡競争が再燃することになる。現に米ロ間の核軍拡競争は再燃しているし、中国も軍事力強化を進めている。北朝鮮も核兵器を放棄しようとしない。わが国でも、抑止力強化としての「敵基地攻撃論」が喧伝されている。

　国家安全保障のための抑止力というのは、軍事力強化のための呪文なのである。そして、「核抑止論」は、核兵器を国家の守り神としているので、「核兵器のない世界」は究極の彼方に追いやられるのである。

　そうすると、「核兵器のない世界」を一日も早く実現したいと考える私たちは、核兵器が国家の安全保障に必要不可欠だとする「核抑止論」を乗り越えなければならないことになる。

　そこで、この小論では、現在の日本で展開されている「核抑止論」を題材にしながら、「核抑止論」の特徴とその役割を明らかにし、それを乗り越える道筋を探ってみることとする。

現代日本の「核抑止論」

　外交官経験がある秋山信将氏と防衛研究所の高橋杉雄氏が編集している『「核の忘却」の終わり』という本がある（2019年、勁草書房）。その副題は、「核兵器復権の時代」である。「核抑止論」を現代の日本に生かそうという本である。政府の核政策に影響を与える立場にある二人が展開する「核抑止論」を検討することは、私たちの「核抑止論」理解に、反面教師として大いに役立つであろう。以下、少し丁寧に紹介する。

　「核の忘却」とは、米ロの冷戦が米国の勝利で決着がつき、大国間の核戦争の可能性が大きく低下し、核兵器の役割が縮小して、やがては核兵器が廃絶されるのではないかとの期待が高まる中、核兵器の安全保障に対する役割に関する思考が停止してしまった状態とされている。本書は、この「核の忘却」の時代が終わりを告げているので、核抑止を重視する側も、核軍縮を進める側も、新たな国際安全保障環境に適合する核の論理を構築する必要があるというのである。

　新たな国際安全保障環境というのは次のようなことである。

　オバマ大統領の広島訪問（2016年）や核兵器禁止条約の採択（2017年）

など核軍縮進展の期待が高まる動きがあった。人道的、道徳的な観点から核廃絶を求める機運は、批准国の増加などと相まって高まっているように見える。しかし、その一方では、核保有国を取り巻く安全保障環境の変化は、全く反対の方向に向かっている。米ロの戦略的関係は厳しさを増し、両国の安全保障戦略における核抑止の重要性が高まっている。北大西洋条約機構（NATO）の拡大抑止の在り方の更新も必要かもしれない。中国の核戦力の近代化も注視すべきである。北朝鮮やイランのような核拡散事案は「核ドミノ」を招きかねない。

　このような情勢認識のもとに、二人は次のような結論を出している。

　核拡散の進展と大国間関係の悪化という国際政治における現実に直面して、「核の忘却」の時代は終焉しつつある。米国の2018年版核態勢の見直し（NPR）では、オバマ大統領のプラハ演説の方向性で策定された2010年版ＮＰＲは国際情勢認識の甘さが厳しく批判され、低出力核兵器の開発・配備の方針が示された。専門家の間では核抑止をめぐる議論が再び活発に行われるようになっている。「核の復権」の時代が到来した。

　両氏は「核の忘却」の時代から「核の復権」の時代になったというのである。

　両氏は、核兵器といえども国家の政策遂行の道具であるから、国際政治の中から核兵器だけを取り出して議論することは何の意味もないとしている。また、冷戦期の核抑止論は、「核戦争が実際に生起したら人類が滅んでしまう」という切迫した問題意識のもとに、アメリカのベスト・アンド・ブライテスト（最良のもっとも聡明な。大久保注）と呼ぶべき人が集まって発展させてきた学問分野であるとしている。そして、核軍縮をいうならば、理念や情緒のみによってではなく、戦略的合理性に基づく、新たな核軍縮の思考枠組みを発信しなければならない。核兵器の役割の正確な理解なくして、規範や道義性、あるいは政治的なモメンタム（勢い、はずみ。大久保注）だけでは、持続可能な「核なき世界」を実現することは困難であるというのである。

　ところで、秋山氏は、核兵器禁止条約の早期発効は求めていない。その理由は、「短期的に見れば、現在の国際政治における核兵器の役割を完全に否定することは困難であるが、長期的に核政策を構想する上で倫理や道義心が一つの指針となりうる」とのジョセフ・ナイ（政治学者でクリント

ン政権の国防次官補）の見解や「国際政治における倫理の影響力は過大評価も過小評価も警戒しなくてはならない」というハンス・モーゲンソー（国際政治学者）の見解に理解を示しているからである。

　周知のとおり、核兵器禁止条約は、いかなる核兵器の使用も、武力紛争に適用される国際法の規則、特に国際人道法の原則および規則に違反する。また、人道の諸原則および公共の良心に反するとしている。秋山氏は、核兵器の非倫理性や非道義性を否定していないようであるが、国家の政策遂行の道具としての核兵器の役割を優先しているので、核兵器禁止条約には賛同できないのであろう。

　また、高橋氏は、北朝鮮の脅威を念頭に、米国の抑止力の信頼性を確保するためには、「最も確実かつ迅速に発射前の核兵器を撃破しうるオプション」である核兵器の限定使用さえも万一に備えた選択肢の一部に含めていく必要があろうとしている。高橋氏は、核兵器による敵基地攻撃を選択肢にしようというのである。極めて危険な発想である。

　そして、北朝鮮の脅威を言い立てるけれど、その脅威を核兵器に依存しない方法で解消することなどは全く提起していない。氏は、日本が核兵器に依存する構えを見せれば、北朝鮮は戦争を仕掛けないと信じているので、それ以外の方法を考えないのであろう。これまで日本は制裁一本槍の強硬姿勢をとってきたけれど、北朝鮮がおとなしくなる兆候は全く見えていない。にもかかわらず、氏はまだそのようなことを言っているのである。

　両氏は、「核戦争が実際に生起したら人類が滅んでしまう」という切迫した問題意識のもとに核兵器の役割を考えてきたのが核抑止論者であり、彼らは「最良のもっとも聡明な人々」であるとしている。私は、そんな危険で使えない物はさっさとなくせばいいだけの話で、その必要性を言い立てるのは、詐欺師か錬金術師でしかないと思っている。使用されれば人類が滅びてしまう道具であることを認識しながら、それを持ち続けようと主張することは「聡明」どころか「狂気の沙汰」であろう。

　そもそも、核兵器を政治的には「政策遂行の道具」、軍事的には「秩序の兵器」とする勢力と、核兵器は「悪魔の兵器」であり「人類とは共存できない」として廃絶しようとする勢力とは全く相いれないのである。両氏

も「異なる二つの世界」と表現しているので、その違いは自覚しているのである。

核兵器は「長い平和」をもたらした !!

両氏は核兵器について、次のようにいう。

1945年にはじめて使用された核兵器は、米ソの対立があった冷戦期には、核戦争による人類絶滅の恐怖を突き付けた。その一方で、核兵器の存在は米ソ両国の行動を慎重にさせたので、「冷戦」を「熱戦」にエスカレーションすることなく、むしろ「長い平和」ともいわれる状況にとどめた。冷戦は終結し、核戦争による人類絶滅の恐怖は去った。しかし、北朝鮮の核開発や中距離核戦力全廃条約（INF条約）の破棄からもわかるように核兵器は現代の安全保障における最も重要な問題であり続けている。

両氏は、核兵器は「核戦争による人類絶滅の恐怖」を突き付けたが「長い平和」をもたらしたというのである。「人類絶滅の恐怖」が存在していたけれど、既にそれは去ったというのである。そして、核兵器は「長い平和」をもたらしたとしてその有用性が語られているのである。これ以上の核兵器礼賛はない。

核兵器は「長い平和」をもたらしているという言説に対する疑問

この核兵器は「長い平和」をもたらしているという言説についての私の疑問は三つある。地球上に「長い平和」がもたらされているというのは本当か、既に核戦争による人類絶滅の恐怖は去ったというのは本当か、そうだとしてもそれが核兵器のおかげというのは本当かという三点である。一つずつ考えてみよう。

世界は「長い平和」の中にあるか

まず、冷戦時代、世界は「核戦争による人類絶滅の恐怖」を突き付けられていたことは、この論者も前提としていることである。にもかかわらず、こういう恐怖が現実化しなければ「平和だ」というのは「平和」という言葉の使用法として適切ではない。

「平和」の定義は様々に行われているけれど、米ソが熱い核戦争をしていなければ「平和」だというのは狭義に過ぎるであろう。そのような「平

和」の定義は、冷戦の深刻さを隠ぺいしてしまうからである。

　私は、いつ爆発するかわからない火山の頂上で生活する人に「あなたは平和に生活しているのだから、そのままでいいのです」などとは言えない。その危険を避けることを勧めるであろう。私は、彼らの「平和観」を拒否する。

　ところで、秋山氏も、冷戦期に、地域紛争や内戦があったことは認めている。にもかかわらず「長い平和」があったということは、それらがあっても平和であるということになる。ベルリンが封鎖されようが、朝鮮半島や中東で戦争が起きようが、アメリカがベトナムを侵略しようが、ソ連がアフガニスタンに干渉しようが、世界の平和には関係ないということになる。また、冷戦後についていえば、ＮＡＴＯがコソボで空爆を行い、エスニック・クレンジングが市民を苦しめても、アフガニスタンやイラクやシリアで大国の武力の行使が行われ、多くの市民が殺傷され、大量の難民が発生しても「長い平和」が続いていることになる。ここでも、米ロが「熱戦」をしていなければ「平和」であるとされるのであろう。世界には米ロや日本しかないわけではないことを考えれば、ずいぶんご都合主義的な平和論といえよう。

　冷戦前後を問わず、地球上に「長い平和」が続いているとの言説は、平和の概念を極小化し、現実の大国による武力行使を度外視する、ごく限られた人たちにしか通用しない議論なのである。私はこの言説に賛同することはできない。

核戦争による人類絶滅の危機は去ったか

　今年１月、米科学誌「原子力科学者会報」は、地球滅亡までの時間を示す「終末時計」の針が昨年より20秒進んで残り100秒となり、1947年以降、最も「終末」に近づいたと発表した。「終末時計」は、1947年、原爆開発に参加した米科学者たちが核戦争の危険性を警告する目的で創設したものである。この「会報」は、「世界は今、複雑な脅威に対抗するための手段を軽視している権力のある指導者たちによって脅かされている」、「超大国間の危険な対抗や敵意が、核をめぐる大失態を犯す可能性を高めている」、「イラン核合意の崩壊や、北朝鮮の核兵器開発、米国や中国、ロシアなどからの核拡散が継続しているので核兵器の脅威は高まっている」など

と述べている。

　要するに、米ロ間の中距離核戦力（INF）全廃条約の失効、イラン核合意の崩壊、北朝鮮の核問題の未解決、核軍拡競争の再燃などによる核兵器の脅威と各国政府の行動の不十分さを理由として「終末」を警告しているのである。

　ここでは、核戦争による人類社会の滅亡が真剣に憂慮されている。秋山氏たちの言説には、このような憂慮の片鱗すらない。同じような情勢認識が示されてはいるけれど、核兵器による人類社会の消滅の危機などは過去のこととされているのである。

　私は、この憂慮を真剣に受け止める。世界には1万4千発弱の核兵器が存在するだけではなく、実戦で使用できる核兵器の開発や配備が進行しており、核兵器使用にためらいを見せない「権力のある指導者」が現実に存在しているからである。私には、秋山氏たちのような言説が、その危機を深めているように思えるのである。客観的に存在する危機をないことにしてしまう言説は、人々を盲目にしてしまう恐れがあるので許されることではない。

世界が吹き飛ばなかった理由

　では、米ソに「熱戦」が起きなかったのは核兵器のおかげだという見解はどうだろうか。「核戦争による人類の消滅」が起きなかったのは核兵器の存在によるというのは本当なのだろうか。核兵器が存在していることと核戦争が起きなかったことはいずれも事実なので、そういわれるとそのように見えるかもしれない。少し眉に唾をつけて考えてみよう。

　イギリスの現代史家ロドリク・ブレースウェートは、『ハルマゲドン人類と核』（白水社、2020年）の中で、1945年8月9日以降、一触即発の核の対峙にもかかわらず「どうして世界は吹き飛ばなかったのか」と問いかけ、いくつかの回答例を紹介している。第一は、核兵器に対する全世界の恐怖による抑止効果で「やたら丈夫な恐怖の子供」（チャーチル）が生き続けることになったという説である。第二は、核による恐怖の副産物ではなく、「第二次世界大戦」における通常兵器による恐怖を二度と繰り返してはならないという決意が広がったからという説。第三は、「人間のより良き心性」（リンカーン）の影響が、人間のもつ暴力的要素を低減した

からという説。第四に、「単にラッキーだった」という説などである。

　私なりに理解すると、第一の説は核抑止論。第二の説は国連憲章の「われらの一生のうちに二度までも言語に絶する悲哀を人類に与えた戦争の惨害から将来の世代を救う」という立場。第三の説はユネスコ憲章の「戦争は人の心の中で生まれるものであるから、人の心の中に平和のとりでを築かなければならない」という立場。そして、核兵器のない世界に向けての胎動。第四の説はよくある意見である。いずれにしても、「吹き飛ばなかった」理由は複数紹介されているのである。

　広島市立大学の水本和実氏は、「被爆地の訴えは核軍縮を促進したか」（日本平和学会編『平和をめぐる 14 の論点』所収）で、被爆地の「再び核兵器を使用するな」との訴えは世界に届いたかという論点を提示している。氏は、その中で、核兵器が長崎以降使用されなかった理由に、被爆地の訴えの成果だという見解を紹介している。秋葉忠利広島市長（当時）が、1999 年 8 月の「平和宣言」で、「核兵器の使用が究極の悪であることを訴え続け、二度と過ちを繰り返さないと誓った被爆者たちの意志の力によって、これまでの間、人類は三度目の愚行をおかさなかった」と指摘して、被爆者に感謝したというのである。氏は、被爆地の訴えが世界の指導者に届いたかどうかは断定できないが、被爆の惨状の訴えが、核戦争に対する恐怖心を形成する一因であることは否定できないとしている。ここでは、核兵器が使用されなかった理由として被爆者の声、被爆地の訴えが紹介されているのである。

　日本原水爆被害者団体協議会（被団協）の「21 世紀被爆者宣言」（2001 年）は次のようにいう。被爆者はこの半世紀、「ふたたび被爆者をつくるな」と訴えてきました。その訴えは「核兵器廃絶」の大きな流れとなっています。広島・長崎以後、核兵器の実戦使用は阻まれてきました。世界の世論と運動こそが、核戦争の抑止力になっているのです。

　そして、2017 年採択された核兵器禁止条約の前文には「核兵器の全面的な廃絶のために、国際連合、国際赤十字社・赤新月運動、国際機関、非政府機関、宗教指導者、議員、研究者およびヒバクシャが行っている努力

を認識し」という記述がある。核戦争の危機を解消するための根本的対処方法は核兵器の廃絶である。核兵器禁止条約はそのための法的枠組みである。条約は、核兵器廃絶のための努力が、様々な主体によって担われてきたことに着目し、被爆者運動も視野に置いているのである。

　このように見てくると、私には、核戦争が起きなかったのは、核兵器のおかげだと平然といえる神経が理解できない。核兵器が存在していたから核戦争が起きなかったというのは、二つの現象を表面的に並べただけで、論理的説明にはならないからである。

　冷戦の当事者であった旧ソ連の指導者たちの証言や残された公文書からは、当時のソ連が、「アメリカに対して核攻撃を仕掛けようとしていた」ことを裏付ける証拠も「アメリカの核兵器が怖かったので、核兵器の発射ボタンを押さなかった」という証拠も見つかっていない。そもそも、熱核戦争が起きなかったのは、ソ連の指導者にアメリカを核攻撃する意図がなかったのかもしれないのである。アメリカの核兵器が核戦争を抑止したというのなら、ソ連にはアメリカを核攻撃する意図があり、それを、核兵器が抑止したという証拠を示すべきであろう。

　二つの現象を並べればいいだけなら、「ニューヨークにワニがいないのは核兵器のおかげ」という都市伝説や「憲法9条は北朝鮮の核開発を止められなかった」、「お前が生きていられるのは俺のいるおかげ」という暴論も成り立つことになってしまう。核兵器が核戦争を阻止してきたというのは、その程度の言説なのである。

　容認しがたい危険な事態の原因を作っている核兵器を、その危険な事態が現実化しない理由にするなどというのは倒錯の極みである。危険をもたらす原因を排除しないで、それがあるから危険が現実化しなかったなどと言い張るのはナンセンスでしかない。そもそも、核兵器が「人類絶滅」を避ける道具であるならば、各国の保有を禁止することも、廃絶する必要性もないであろう。みんなで持てばいいだけの話である。

　付言しておけば、この核兵器が「長い平和」の基礎という議論では、国連憲章もユネスコ憲章も、被爆者や核兵器開発にかかわった科学者たちの反核平和の運動なども完全に無視されているのである。もちろん日本国憲

法などは論外である。

　自分に都合のいい事実だけを並べ立て、都合の悪い事実を無視するのは、およそ知性とは縁のない言動であろう。

　私は、核兵器使用の危険性が高まったこともあったし、誤警報に基づく核攻撃が準備されたこともあるし、核兵器事故も起きたけれど、核戦争が実際に起きなかったのは、核兵器があったからではなく、被爆者をはじめ多くの人々の運動を背景に、核兵器使用を慎重にする雰囲気（核のタブー）が醸成されてきたので、結果として「核のボタン」が押されなかったのだと考えている。

　私は、核兵器が核戦争を阻止し、世界に「長い平和」をもたらしたというのは、性質の悪い冗談か、あからさまな嘘であると考えている。そして、そのような言説が「核抑止論」の一つの特徴である。

二人の「核抑止論」理解

　高橋氏も秋山氏も、「これまで、軍事力は戦争に勝つことが目的であったが、核兵器という『絶対兵器』は戦争を避けることが目的となる。それ以外の有効な目標は持ちえない」という見解を引用している。この見解は、核兵器は戦争を避けるための兵器、相手に戦争をさせないための兵器としているのである。核兵器によって相手の戦争への意思を抑止しようというのである。こうして、核兵器は「秩序の兵器」とされ、国際秩序形成の上で重要な役割を果たしているとされるのである。

　どんな理屈でそうなるのかについての秋山氏の説明はこうである。抑止の意味は「相手に恐怖心を起こさせ、それによって相手が行動を起こすことを妨げる」というものである。つまり、心理的威圧を相手に与えることにより、自らが望むような行動を相手に選択させること（あるいは望まない行動をとらせないようにすること）が抑止の目的である。

　要するに相手を脅して恐怖心を起こさせ、自分に都合のいい行動をとらせ、不都合な行動をとらせないのが抑止だというのである。個人間で、相手方を脅迫して、義務のないことを行わせ、権利の行使を妨げれば、強要罪を構成することになり、懲役刑で処罰されるけれど、国際政治の世界では許される行為のようである。国際政治の世界にはこの程度の規範も秩序もないということなのだろう。

「平和を望むなら核兵器を準備せよ」

　ところで、秋山氏が、倫理や道義よりも核兵器の力を優先していることや核兵器禁止条約に賛同していなことは前に述べた。そのことと、この国際政治は無秩序だとする見解からは次のような結論が導かれることになる。

　無秩序な国際社会では、倫理や道義や規範は無力あるいは非力なので、強力、実力、つまりは軍事力（兵器と兵隊）が求められる。核兵器は防ぎようがない「絶対兵器」である。これ以上強力な脅しの手段はない。これを手に入れれば、他国に干渉できるし、干渉されなくて済むことになる。こうして、核兵器は戦争を避けるための「秩序の兵器」として国際社会に平和をもたらすことになる、という結論である。

　「平和を望むなら核兵器を準備せよ」ということであろう。現代の核抑止論者は、「平和を望むなら戦争に備えよ」という「核の時代」以前の格言を、核の時代に合わせて、さらに危険なものに変質させているのである。日本国憲法9条とは対極の発想といえよう。

「俺は持つお前は持つな核兵器」

　ところで、核兵器国はこの「秩序の兵器」を他国が持つことは認めない。それが核不拡散政策である。ある国が「最終兵器」を欲しがっても持たせないという大国意識である。「俺は持つお前は持つな核兵器」という身勝手な論理といえよう。核不拡散条約（NPT）の根本にはこの姿勢が貫徹している。インド、パキスタン、イスラエルがこの条約に入らず、北朝鮮が脱退しているのは、この条約の不平等性に起因しているのである。この不平等性を解消するためには、核兵器国が、条約6条の規定に従って、核軍縮の交渉を誠実に行い、それを達成することであるが、核兵器国はそれに着手しようとしていない。核不拡散に熱心ではあるが、核軍縮には着手しない核兵器国の身勝手さが、核兵器禁止条約を生み出す要因の一つであったことを忘れてはならない。

二つの核抑止論

　高橋氏は、核抑止については二つの見解があるという。核兵器の存在自体による抑止効果を重視する議論と、核兵器の存在のみならず、それを実際に使用することを前提としなければ抑止力は担保されないと考える議論

だという。前者は、挑戦側が攻撃を行ったとしても、抑止側は生き残った戦力を用いて反撃を行い、挑戦側に得られる利益とは見合わないコストを強いることで抑止を機能させるという考え方であり、後者は、仮に、抑止が破れて戦争が始まったとしても、最小限の損害により勝利しうる態勢を構築しておくことが、抑止力を機能させるうえで不可欠であるという考え方で戦略核の全面応酬に至らない範囲での限定核戦争論にもつながるとされている。

私はどっちもどっちの核兵器依存論だと思うけれど、問題は、本当にこの理屈で相手方の行動を自分の都合に合わせられるのかということである。「核抑止論」は現実的で効果的なのか、また、合理性や普遍性はあるのかが問われなければならない。

核抑止は現実的で効果的か

結論を先にいえば、核兵器は核兵器の拡散を抑止できなかったし、非核兵器国の抵抗を抑えることはできなかった。そして、これからもできないであろう。

1945年8月、アメリカは、広島と長崎への原爆投下で、核兵器の効果を世界中に示した。世界中がそれに恐怖したけれど、1949年のソ連の核保有でその独占は崩れた。その後も、核兵器国は拡大してきたし（水平的拡大）、核兵器の性能も高まっている（垂直的拡大）。

朝鮮や中国は核兵器国アメリカと戦争をしたし、ベトナムでは核兵器国アメリカが敗戦に追い込まれた。ソ連は核兵器を持っていてもアフガニスタンを支配することはできなかった。北朝鮮は目の前に米軍がいても核開発をしてきた。イランもあきらめていないようである。この事態は、両氏とも「核ドミノ」として認めているところである。

このように見れば、核兵器で脅したからといって、そのとおりに事が進まないことは明らかなのである。核兵器国の核兵器は非核兵器国の抵抗を抑圧できなかったし、核兵器の拡散を止められていないのである。結局、核兵器国は核兵器を持っていても他国の意思を制御できなかったのである。

「核抑止論」の無意味さは、国際政治の歴史と現実が雄弁に物語っているのである。そもそも、「核抑止論」が合理的かつ普遍的な理屈であれ

ば、米国以外に核兵器は広がらなかっただろうし、現在も核拡散の心配などいらないであろう。「核抑止論」は、事実を冷静に見れば、既に完全に破綻しているのである。

人は脅かせばいいなりになるのか

　そして、この理論の最も大きな欠陥は、人あるいは他国は、脅かせば自分のいうとおりに動くと思っていることである。人類社会を見れば、過去も、現在も、脅かされれば従う人たちだけで構成されているわけではない。支配者に対する抵抗と革命は繰り返されてきたのである。アメリカの建国やベトナムの独立などは格好の事例だろう。将来においても、それは変わらないであろう。それは自由と独立を求める人間性の表れである。抑止論を信奉できるのは、脅かされれば、唯々諾々と従うか、忖度してしまう心情の持ち主だからであろう。

　そして、念のために付け加えておけば、相手がどう考えるかは相手が決めることで、自分が決めることではない。相手の主観に依存する戦略など戦略の名に値しないであろう。

　このように、「核抑止論」なるものは、現実的には全く機能していないし、理論的にも致命的な弱点を抱えているのである。私には、いまだに、こんな「理論」をまことしやかに流布しようとする人物がいることが不思議でならない。

核抑止が破綻した場合はどうなるのか

　1962年のキューバ危機に際して、アメリカはソ連に対して、24時間以内にキューバからミサイルを撤去しなければ、アメリカ軍が侵攻と爆撃でミサイルを破壊すると最後通告した。その時、ケネディ大統領（当時）は、ソ連が通告に従わなければ、人類を絶滅させるような世界核戦争が開始されるかもしれないと考えていた。ソ連がその通告に従ったので世界の破滅は免れたけれど、アメリカの指導者は、世界の終わりをもたらすと予想した決定をあえて下したのである。

　アメリカ政府は、人類社会の絶滅を容認したということである。彼らは、核兵器によって敵国の民衆を根絶やしにするだけではなく、自国の民衆も更には第三国の民衆も消滅する選択を排除しなかったのである。

国家の基本的任務

ところで、ハンス・モーゲンソーは、国家の基本的な任務は市民の生命と彼らが生きている文明の諸価値を防衛することであるが、全面核戦争の可能性はこの防衛機能を完全に破壊してしまうとしている。ソ連との全面核戦争は、国家を守るためのものとされながら、国家の目的である民衆の命を守れなくなるという逆説の提示である。当時のアメリカ政府は、まさにこの逆説のとおり、共産主義と対抗するために、自国の民衆の命を防衛するという国家の基本的任務を放棄しようとしたのである。核兵器に依存する国家安全保障政策は、国家の基本的役割を否定し、世界の滅亡をもたらす危険な論理であることが確認できる。

壊滅的人道上の結末

当然のことではあるが、自国内で核兵器を使用することはありえない。自国の核兵器は他国の民衆を殺傷し、自国の民衆を殺傷するのは他国の核兵器である。これが相互確証破壊（MAD）である。そして、核兵器による抑止が機能しなかった場合の結末である。ここでは、核兵器の応酬が、他国の民衆を巻き込み、地球環境を破壊し、放射線の影響が世代を超える危険性は無視され忘却されている。核兵器禁止条約は、この事態を「壊滅的人道上の結末」と表現し、それを根本から避けようとしているのである。

更に、忘れてはならないことは、「壊滅的人道上の結末」は、核兵器の意図的使用だけではなく、事故や誤算によっても起きうることである。間違いを犯さない人間はいないし、故障しない機械はないからである。核兵器の存在は、本質的に、その危険性を内包しているのである。これが、核兵器禁止条約が、核兵器の使用にとどまらず、その存在そのものを否定している理由である。

「核抑止論」の特徴

このように見てくると、「核抑止論」というのは、現実を無視しているだけではなく、そもそも「戦略」などとはいえない、極めて主観的なものであることが確認できる。出来の悪い「神話」、無意味な「神学論争」といえよう。そして、意図的であるかどうかにかかわらず、抑止が破れた場

合には、「壊滅的人道上の結末」が待っているのである。「核抑止論」は単に無意味で不毛というだけではなく、虚妄（うそいつわり）にまみれた、危険この上ない無責任な「理論」なのである。にもかかわらず、核抑止論者たちは、現在の日本においても、「核抑止論」の効用を、恥ずかしげもなく、むしろ正しいことのように、言い立てているのである。しかも、その言説は、外務省や防衛省の中で大前提とされているのである。私たちは、彼らの言説の不毛さ、虚妄、危険性を暴露しなければならない。

まとめ

「核兵器のない世界」に到達し、それを維持するためには「核抑止論」乗り越えなければならない。それは決して不可能なことではない。そのことは、この間の核兵器禁止条約の形成過程で示された思想と運動を見れば確信を持てるであろう。そこには、「二度とヒバクシャはつくらない」、「この星から核兵器をなくす」という気高い思想と、どのような抵抗をも乗り越えるという不屈の運動が存在しているからである。

そして、これらの思想と運動は多くの人々と共鳴している。フランシスコ教皇は「焼き場に立つ少年」の写真に「戦争がもたらすもの」との言葉を添えて教会関係者に配布している。日本での世論調査によれば、72％が核兵器禁止条約に加入すべきだとしている。アメリカでは「戦争終結のために原爆投下は必要だった」という神話が崩れ去ろうとしている。ヒバクシャ国際署名は1184万筆を超えている。

今、求められていることは、核兵器の非人道性や非道徳性に着目し、核兵器の存在も使用も使用の威嚇も禁止する国際法規範を定立することである。核兵器の材料もそれを作る知識も技術もあるから、そんな法規範を作っても無駄だなどという「現実主義者」もいるけれど、殺人を禁止しても殺人はなくならないから、殺人を法で禁止するなという人はいないだろう。生物兵器も化学兵器もクラスター弾も対人地雷も、材料も技術もあるし、現在も保有している国家はあるけれど、国際条約によって禁止されて以降、使用されてはいない。国際法は国際政治の侍女ではなく、国際政治を拘束する道具として機能しているのである。

被爆者は「核と人類は共存できない」、「ヒバクシャは私たちだけにして欲しい」としている。私たちは、高齢となった被爆者の思いにこたえるためにも、また、地球の存続と将来世代のためにも、一刻も早く、核兵器を廃絶しなければならない。そして、核兵器の廃絶は、戦力一般を否定し、戦争や武力の行使を不可能にする世界へと繋がるであろう。日本国憲法9条の地球憲章化である。「核兵器も戦争もない世界」では、恐怖と欠乏から免れたすべての人々が、平和のうちにそれぞれの人生を堪能するであろう。

■ コラム

ブレジンスキーは妻を起こさなかった

　この小論は、1980年代、米国カーター政権時代の安全保障担当補佐官ブレジンスキーのエピソードを紹介している。そのエピソードは「核兵器のない世界」の早期実現の必要性を物語るものである。

　現在、この地球には1万3千発以上の核兵器が存在している。もし、これらの核兵器がその一部でも使用されれば「壊滅的人道上の結末」が起きることになる。1945年8月、広島と長崎で起きた「この世の地獄」が大規模に再現されるのである。

　一発の原爆による広島での1945年12月末までの死者数は約14万人±1万人である。1944年2月時点での広島市の人口は33万6483人だから、それとの比率では41.6±3%の人が死亡したことになる。

　この死亡率を現代に当てはめると、地球上の人口は78億人と推計されているので、5ヵ月弱で、約32億人が死亡することになる。まさに「壊滅的人道上の結末」である。この計算の根拠は、人間が人間に対して行ったことをベースにしているという意味で、空想的なものではない。そして、この「終末」まで残り100秒とする見解を公表している信頼に値する科学者グループも存在している。

「人影の石」

死者の割合が高いだけではない。原爆は「人影の石」を残している。原爆資料館の説明によると「銀行の石段に腰を掛け開店を待っていた人が、原爆の閃光を受け、逃げることもできないままに、その場で死亡したと思われます。強烈な熱線により、石段の表面は白っぽく変化し、その人が腰かけていた部分が影のように黒くなって残りました」と展示されている石の階段のことである。

ついさっきまでそこにあった日常が、突然、理不尽に、抗いきれない力によって奪われることは、誰にとっても耐え難いことである。その日常を奪うものが、天変地異であれ、国家であれ、狂気であれ、悪意であれ、事故であれ、身を引き裂かれるような想いに駆られるであろう。私はそんな目に遭いたくない。だから核兵器をなくしたい。

誤警報

私が核兵器をなくしたい理由はそれだけではない。核兵器は、意図的な使用だけではなく、人間の間違いや機械の誤作動で使用される可能性があるからである。間違いを犯さない人間はいないし、壊れない機械はない。誰も意図しないのに、核兵器が応酬されることは決して絵空事ではないのである。

米国クリントン政権下の国防長官ウィリアム・ペリーは「冷戦期に核の応酬になりそうだった最大の危機は、意図的に計画された攻撃によってではなく、悪い情報や、不安定な指導者たちや、誤警報によるものだった」としている。彼はこんな例を挙げている（『核のボタン』・朝日新聞出版）。

1980年6月、カーター政権時代のことである。安全保障担当大統領補佐官ブレジンスキーは、深夜、軍事顧問から電話を受けた。ソ連の潜水艦が220発のミサイルを米国に向けて発射したというのである。ブレジンスキーはソ連の発射と攻撃目標を確認するように指示し、報復攻撃ができるように戦略空軍に核搭載爆撃機を発進させるよう告げた。再度の電話は、ソ連のミサイルは2200発ということだった。全面攻撃である。彼は妻を起こさないと決めた。30分以内にみんな死んでしまうだろうからである。その後、3度目の電話が来た。別の警報システムは攻撃を報告して

いないというのである。誤警報だったのだ。

　もし、その誤警報との確認が遅れていたら、米国のソ連に対する核攻撃が行われていたことになる。それに対するソ連からの報復が行われ「相互確証破壊」が現出したであろう。ソ連はなくなったけれどロシアは存在している。事態は何も変わっていないのである。

　私たちは、いつ、自分が制御できないことを原因として消滅するか分からない世界に生きているのである。

禁止条約の発効

　1月22日、核兵器禁止条約が発効した。核兵器は、開発も実験も保有も移譲も使用も使用するとの威嚇もすべて禁止されたのである。その背景にあるのは、核兵器が使用されれば、「壊滅的人道上の結末」が起きるので、核兵器は廃絶しなければならないという思想である。核兵器は、毒ガス（化学兵器）や細菌（生物兵器）や対人地雷やクラスター弾などと同様に、使ってはならない兵器、持ってはならない兵器とされたのである。ここには歴史的転換がある。被爆者は「核兵器の終わりの始まり」だという。私もそうだと思う。

核抑止論

　けれども、核兵器国はこの条約に背を向けている。米国は禁止条約には「致命的欠陥」があるとしている。日本政府は、禁止条約は「国民の生命・財産を危険に晒す」などとしている。核兵器は自国の安全を確保する切り札なのに、それを禁止するなどとは許しがたいという論理である。核兵器は安全と秩序を維持するためにあるという核抑止論である。この姿勢を変えなければ、私たちは、いつまでも、核兵器の影におびえ続けなければならないことになる。

　その恐怖から解放される法的枠組みが核兵器禁止条約である。禁止条約は、締約国に、まだ条約に署名をしていない諸国に対して、条約への加入を働きかけ、条約を普遍化するよう命じている。また、市民社会に対しても、締約国会議への参加を呼び掛けている。その呼びかけに応え、生まれたての禁止条約を健やかに成長させなければならない。

核兵器はなくせる

地震や津波をなくすことはできない。それは天変地異だからである。ウィルスをなくすこともできない。それは生物の存在にかかわる現象だからである。けれども、核兵器は人間が作ったものだから、間違いなくなくすことができる。もちろん、その知識や技術は残るだろうけれど、管理は可能である。現に、ピーク時には７万発はあった核弾頭は１万３千発台まで減っている。やる気になればできるのである。

「核のボタン」を押す権限は神様によって与えられたのではなく、人民の負託によるものであると擬制されている。人民の意思が変われば核兵器はなくせるのである。

そのためには、私たち一人ひとりが、核問題を「他人事」ではなく「自分事」として考え行動することが求められる。核兵器廃絶は、被爆者の切実な願いというだけではなく、自分自身の問題であることを忘れてはならない。

具体的には、核兵器禁止条約に署名し、批准する政権を樹立しなければならない。「安保法制の廃止と立憲主義の回復を目指す市民連合」はその要望書で「核兵器のない世界を実現するため、『核兵器禁止条約』を直ちに批准する」としている。

来るべき総選挙では、この政策を掲げる政党を前進させ、「核兵器のない世界」に一歩でも近づかなければならない。(2021年4月2日記)

第4章

核兵器禁止条約の発効と「実効性」

　　この文章は『前衛』2021年4月号に掲載されたものである（脱稿は2月1日）。核兵器禁止条約は「実効性」がないという核兵器依存論者たちに対する批判である。

はじめに

　1月22日、核兵器禁止条約（以下、禁止条約）が発効した。核兵器の開発、実験から使用などを全面的に禁止し、その廃絶に向けての法的枠組みが始動したのである。

　1996年、国際司法裁判所が「核兵器の威嚇または使用の合法性に関する勧告的意見」を発出した時、核兵器の使用や威嚇はいかなる状況においても違法だという意見は少数意見だった。多数意見は、国家存亡の危機にあっての核兵器の使用や威嚇は合法とも違法ともいえないとしていた。核兵器の使用や威嚇が、法の世界で容認される余地が残されていたのである。それから25年、核兵器は、いかなる使用も非人道的であるとして、存在そのものが違法化され、廃絶されるべきものとされたのである。「核兵器のない世界」に向けての画期的な一歩である。

　これは、核兵器という人類社会に破滅をもたらす究極の暴力を、条約という法的手段で制御しようという試みである。この試みが失敗する時、人類は「終末」を迎えるかもしれない。その失敗は許されない。「核兵器の終わりの始まり」という被爆者サーロー・節子さんの言葉を胸に刻んで、更なる歩みを進めなければならない。

　もちろん、禁止条約が発効したからといって、核兵器が一基でも減少す

るわけではない。核兵器国はこの条約を敵視しているからである。彼らが核兵器を手放さない限り、核兵器はなくならない。そして、禁止条約には「実効性がない」という言説も振りまかれている。

　私たちは、核兵器国などの抵抗やこういう冷笑にまみれた言説を乗り越えなければならない。何をすればいいのか。その方策を考えてみよう。

　まずは、禁止条約発効の意義を確認しよう。禁止条約の解説ではなく、発効のもつ意義を取り上げてみたい。とりわけ、「実効性がない」という言説について検討する。続いて、アメリカや日本政府が核不拡散条約（NPT）を強調している意味を検討しよう。そして、元アメリカの国防長官ウィリアム・ペリー氏の禁止条約支持の発言を紹介したい。いずれも、禁止条約発効の「実効性」の実例と思われるからである。

禁止条約の到達点

　１月22日当時、禁止条約の批准国は52ヵ国、署名国は86ヵ国であった。禁止条約採択時の賛成国は122ヵ国、昨年の国連総会での禁止条約推進賛同国は130ヵ国、核不拡散条約（NPT）加盟国190ヵ国、国連加盟国193ヵ国に比べれば、まだまだ少数である。まず求められることは、禁止条約の締約国の拡大である。禁止条約12条は「締約国は、すべての国によるこの条約への普遍的な参加を得ることを目標として、この条約の締約国でない国に対し、この条約を署名し、批准し、受諾し、承認し、またはこれに加入するよう奨励する」としている。直近の国連総会での禁止条約推進賛同国は130ヵ国なので、締約国（批准国や加入国）をその数に近づけることが当面の目標となるであろう。国連加盟国193ヵ国のうち130ヵ国が加盟する条約の存在は国際政治に大きな影響をもたらすであろう。

発効のもつ意味と締約国に対する拘束力

　発効とは効力が発生することである。条約は採択されただけでは法的な拘束力はない。法的拘束力が発生するためには、各国の署名、批准など所定の手続きを経なければならないのである。禁止条約は、50ヵ国の批准と90日の経過を発効の条件としていたが、その条件が満たされたのである。したがって、締約国は禁止条約によって法的に拘束されることになる。

　法的に拘束されるとは、締約国は、条約の規定に従って、国際的にも国

内的にも行動しなければならない義務を負うという意味である。国際的には「条約法に関するウィーン条約」が「合意は守られなければならない」として「効力を有するすべての条約は、当事国を拘束し、当事国は、これらの条約を誠実に履行しなければならない」としている。日本国憲法は「日本国が締結した条約及び確立された国際法規は、これを誠実に遵守することを必要とする」としている。アメリカ憲法の「締結した条約は最高法規である」という規定に倣ったものである。これらは近代国家では普通のことである。

　締約国は、核兵器の開発、実験、製造、保有、授受、使用、使用するとの威嚇などをしてはならないだけではなく（1条）、国内法の整備（4条）、ヒバクシャの支援や環境の回復（6条）、他の締約国との協力（7条）などが求められることになる。

署名国に対する拘束力

　未締約国の中には、署名はしたけれど批准はまだという国と署名もまだという国がある。署名している国には、条約の趣旨・目的を失わせてはならない義務があるので、核兵器の開発や実験、使用などを慎む義務がすでに発生している。それが署名の効果である。もちろん、署名国にとって、これらの義務の履行は決して負担ではないであろう。問題は、署名する意思などない国に対する法的拘束力はあるのかということである。

未署名国に対する拘束力

　「合意は守られなければならない」（合意は拘束する）という法原理は、その反対解釈として「合意がなければ拘束されない」ということを意味している。核兵器国は、禁止条約に入らなければ拘束されないのである。だから、核兵器国などは禁止条約に「実効性がない」と主張するのである。そしてそれは、形式論理としては「正論」である。

　けれども、その「実効性がない」という意味が、この条約は「核兵器国に何らの影響も与えない」とか「核兵器廃絶には何の役にも立たない」ということであれば、それは大きな間違いである。

　核兵器国、とりわけアメリカが禁止条約に敵意を示しているのは、自国に多大な影響があることを自覚しているからである。自国に何ら影響がな

いというのであれば、スルーすればいいだけなのに、むしろ狼狽している
のはそれなりの理由があるからである。その背景を考えてみよう。

法規範がもつ役割

　まずは、この条約が法規範だということである。法規範とは何なの
か。例えば、日本の刑法は「人を殺した者は、死刑又は無期懲役若しくは
５年以上の懲役に処する」としているが、殺人はなくなっていない。刑法
という法規範があっても、殺人という事実はなくならないのである。そう
いう意味では刑法に「実効性がない」のである。だからといって、殺人罪
は不要だと誰が言うだろうか。殺人という行為が法的に禁止されているか
どうかと、その禁止が破られるかどうかは、まったく別の問題なのであ
る。法規範は、それが存在するからといって、現実の問題をすべて解決す
るわけではないけれど、事の善悪の基準としての役割を果たすのであ
る。それが法規範の存在理由である。

　これまで核兵器を全面的に禁止する明文の法規範は存在しなかった
が、今般、禁止条約という条約国際法が誕生したのである。核兵器はその
存在そのものが、国際法の世界で禁止され、廃絶されるべき物とされたの
である。単に、道徳的に許されない、政治的に排除された方が望ましいと
いうだけではなく、法の世界で許されないとされたのである。核兵器は
「悪の烙印」を押されたのである。

　法は、事の善悪の基準であり、紛争解決の基準である。ない方がいいと
か、あった方がいいとかの基準ではなく、あってはならないという禁止
や、しなくてはならないという作為の基準である。法は、人類が社会秩序
を維持するための理性的な手段として形成してきた文明のシステムであ
る。法は、物理的な暴力の応酬ではなく、理性と言論での問題解決の手段
として、紆余曲折はあるけれど、現在あるような形に発展してきたのであ
る。法の背景には、人間社会の根底に置かれるべき人道と正義が潜在して
いる。それが、人権意識の高まりとともに、実定法として顕在化するので
ある。「あるべき法」が「（現に）ある法」となるのである。法を無視する
者は「無法者」とされ、それは「人道を無視する者」、「不正義を働く

者」と同義なのである。であるがゆえに、核兵器国も、文明国を自任する限り、法（国際法も国内法も）を無視することはできないのである。

条約国際法と慣習国際法

国際法には、条約国際法と慣習国際法という二つの類型がある。条約国際法は、各国の意思に基づく条約という明文で成立している法である。禁止条約は条約国際法である。慣習国際法は「法として認められた一般慣行の証拠としての国際慣習」（国際司法裁判所規程）といわれている。ややこしい言い方がされているけれど、要するに、国際社会において「一般慣行」として継続していることが、国際社会の「法的確信」になっていれば、それを条約法と同じような法規範としようという考えである。

核兵器は、この75年以上使用されていないという「慣行」があるので、核兵器の使用は慣習国際法によって禁止されている、という結論が出せるかという問題である。確かに、核兵器の使用は行われていない。けれども、それが「法的確信」として理解されているであろうか。私は、核兵器は慣習国際法によって禁止されているとはいえないと考えている。

結局、核兵器国は条約国際法でも慣習国際法でも拘束されないということになるのである。

禁止条約発効と国際法

では、今回の禁止条約の発効は国際法との関係で無意味なのであろうか。私は、二つのことを考えている。一つは、この条約の発効によって、核兵器使用が全面的に禁止されている状態が国際社会で「一般慣行」として継続した場合には、核兵器を禁止する慣習国際法の形成を促進するということである。有力な反対国が存在する限り、慣習法は成立しないという見解もあるけれど、私は、核保有国などが反対しても慣習法化は進むと考えている。慣習国際法とされれば、条約未加盟国に対しても、法規範として適用されることになる。

もう一つは、核兵器使用禁止が慣習国際法となっていない現在、国際法は、核兵器使用を禁止していないのか。核兵器使用の非人道性と反人権性は野放しにされてしまうのかという問題である。

核兵器使用の非人道性と反人権性

　核兵器使用が大量、無差別、残虐な殺人であることは誰も否定していない。日本政府も核兵器使用の非人道性は認めている。だから、究極的には廃絶するというのである。また、アメリカ政府も、核兵器使用は「相互確証破壊」をもたらすことを想定している。核兵器が使用されれば、全てが失われるという恐怖が相手の行動を抑止し、平和と安定が確保されるというのが核抑止論である。核抑止論とは核兵器使用の恐怖が土台にある「神話」なのである。そういう意味では、核兵器が絶滅を目的とした「最終兵器」であることについて、核兵器依存国と批准国に見解の違いはないのである。国際法は「最終兵器」を許容しているのか。それが問題となる。国際人道法や国際人権法の一般原則から考えてみよう。

国際人道法の原則

　禁止条約は「国際人道法の諸原則、特に武力紛争の当事者が戦闘の方法及び手段を選ぶ権利は無制限ではないという原則、区別の規則、無差別攻撃の禁止、攻撃の際の均衡性及び予防措置の規則、その性質上過度の傷害又は無用の苦痛を与える兵器を用いることを禁止する規則、自然環境を保護する規則に立脚する」としている。国際人道法（戦争法）の原理を述べている部分であり、禁止条約の「人道アプローチ」の特徴が現れている。

　この中で特に注意したいのが「武力紛争の当事者が戦闘の方法及び手段を選ぶ権利は無制限ではないという原則」（ハーグ陸戦条約・マルテンス条項）である。人道法は、その兵器の無差別性や残虐性を理由として、いくつかの兵器を名指しで禁止している（毒ガスやダムダム弾など）。この原則は、条約が名指しで禁止していなくても、使用を禁止される兵器はあるという法思想である。核兵器使用を禁止する条約がないからといって、核兵器使用が許されるわけではないし、禁止されうるという結論を導く一般原則なのである。この原則を援用することにより、核兵器の使用は違法だし、戦争犯罪だという説は説得的に成り立つのである。

強行規範（ユス・コーゲンス）

　これは、国際法上の概念で「いかなる逸脱も許されない規範」（条約法に関するウィーン条約）とされている。要するに、絶対に破ってはならな

い掟、あるいは国家間に合意があっても排除することができない規範という意味である。日本の法律でも、公の秩序や善良な風俗に違反する行為（公序良俗違反行為）は無効とされているのと同様の法思想である。

　強行規範の具体例として、侵略、奴隷売買、海賊行為、拷問、ジェノサイド（集団殺戮）などが挙げられている。戦時に限らない人権を侵害する行為の列挙である。私は、核兵器使用は、広島・長崎の原爆投下の実相からして、人道法違反はもちろんであるが、強行規範違反だと考えている。

　禁止条約は「核兵器のいかなる使用も人道上の諸原則および公共の良心に反する」としている。これは、この強行規範という概念も反映したものといえよう。人道上の諸原則に反するけれど、強行法規には反しない行為というのは観念できないからである。

　禁止条約は「すべての国がいかなる時も適用可能な国際法（国際人道法及び国際人権法を含む）を遵守する必要があることを再確認し」としている。私は、国際人道法の諸原則はもとより、強行規範の考え方も適用可能な国際法と考えている。人道法であれ、人権法であれ、人間が人間である限り、絶対に侵してはならない規範があるということでは共通しているからである。

　禁止条約は、意図的であれ、誤算であれ、いかなる核兵器の使用も「壊滅的人道上の結末」をもたらすとしている。被爆者は核兵器を絶対悪としている。

　禁止条約の発効は、核兵器使用は「制限される戦闘手段」であることと「いかなる逸脱も許されない規範」に違反することを顕在化したのである。

　国際人道法や人権法の一般原則に照らすとき、条約の有無にかかわらず、また、核兵器国がどう考えようが、核兵器使用は法的に禁止されるのである。

小括

　整理しておくと、禁止条約は、条約国際法あるいは慣習国際法の適用としては、署名していない国家を法的に拘束するものではない。しかしながら、文明国は国際人道法や国際人権法の一般原則を無視することはできない。その無視は人道と人権の無視を意味するからである。禁止条約は、これらの一般原則を体現したものである。核兵器国は文明国であることを自

任している。であるがゆえに、核兵器国は禁止条約を無視できないのである。

　アメリカをはじめとする核兵器国が、禁止条約の発効に狼狽している背景には、こういう事情が存在しているのである。

　ところで、禁止条約の発効によって、核兵器国は、対人地雷禁止条約やクラスター弾条約に加盟していない国家が対人地雷やクラスター弾を使用できないのと同様に、核兵器使用の手を縛られるであろう。核兵器は対人地雷やクラスター弾どころではない非人道的兵器だからである。そもそも、ＩＣＡＮなど禁止条約推進勢力はこの効果を狙っていたのである。

　このように、禁止条約は核兵器国に影響を与え、核兵器使用をためらわせているという形で、「核兵器のない世界」への一歩を進めているのである。これは「実効性」である。

　禁止条約に「実効性がない」という言説は、禁止条約の発効がもつ意味を過少に評価し、「核兵器のない世界」の早期実現を妨害しようという悪意に満ちたものか、知ったかぶりの底の浅い虚言である。そんな言葉を鵜呑みにしてはならない。そして、「実効性」はそれにとどまらない。

「核兵器禁止条約に関する米国の懸念」

　アメリカは、禁止条約の発効が確実となった昨年10月、批准国などに「核兵器禁止条約に関する米国の懸念」と題する「書簡」を出している。批准国には「この条約は、効果的な検証の必要性や悪化する安全保障環境に対処していない」ので「批准・加入書を撤回すべき」だとしている。その他の国には、禁止条約は「危険なまでに非生産的だ」、「国際社会の分裂に拍車をかける」などとして禁止条約への賛同を阻止しようとしている。要するに、禁止条約は安全保障環境を無視して国際社会に分断を持ち込むものだから参加しないというのである。

　他方で、この「書簡」は「米国はＮＰＴの権威、普遍性、有効性を守り、いっそう発展させる決意を再確認する」とか「禁止条約をＮＰＴ６条で定める『効果的な措置』とみなすことはできない」などとＮＰＴを引き合いに出している。

　ところで、ＮＰＴ６条は「各締約国は、核軍備競争の早期の停止及び核軍縮に関する効果的な措置につき、並びに厳重かつ効果的な国際管理の下

における全面的かつ完全な軍備縮小に関する条約について、誠実に交渉を行うことを約束する」としている。

　そもそも、核兵器国が「核軍備競争の早期の停止」、「核軍縮に関する効果的な措置」、「厳重な国際管理下における全面的かつ完全な軍備縮小」に関する条約についての誠実な交渉を進め、その交渉を完結させていれば、禁止条約は必要なかったのである。今更、ＮＰＴの権威などとは「どの口が言うか」と思う。

　けれども、この「書簡」がＮＰＴ６条の必要性を認めていることには注目したい。ＮＰＴ６条が予定する条約ができれば、禁止条約にこだわる必要はないからである。アメリカが、ＮＰＴを「いっそう発展させる」というのであれば大賛成である。私はアメリカにＮＰＴ６条の誠実な履行を求める。

　また、禁止条約に署名しないとする日本政府も、昨年の国連決議で「核兵器のない世界の実現は国際社会の共通の目標」とした上で「第６条を含むＮＰＴの完全・着実な履行にコミットする」としている。ここまでいうのなら、日本政府はすべてのＮＰＴ締約国に、８月に予定されているＮＰＴ再検討会議で、６条の完全履行を提案すべきである。ロシア、中国、フランス、イギリスなどの核兵器国やＮＡＴＯ加盟国もＮＰＴ加盟国である。反対はできないであろう。その提案をするのであれば、「架け橋となる」という言葉を見直すことにしたい。

　私は、アメリカや日本の政府が今更のようにＮＰＴにこだわるのは、禁止条約に敵対するだけでは自らの正当性を主張できなくなったからだろうと考えている。このような形で、禁止条約の発効は機能しているのである。

先制不使用政策に反対するな

　2009 年。オバマ政権初期。アメリカ政府は核兵器の先制不使用政策を採用しようとした。この政策は、敵の攻撃を抑止するために核兵器を備えるけれど、先制使用はせず、敵が核兵器を使用した場合にのみ核兵器で反撃するという政策である。この政策をすべての核兵器国が採用すれば、核兵器の意図的な使用がなくなるので、核戦争勃発の危険性は低減する。核兵器は残存するし、偶発的な核兵器使用はありうるので、手放して賛成することはできないけれど、反対する理由はない。

ところが、日本政府はこの政策に反対したのである。北朝鮮や中国から非核兵器による攻撃があった場合に、アメリカの核兵器による反撃がありうるとしておかないと、わが国の安全が脅かされるという理屈である。唯一の被爆国日本が、唯一の核兵器使用国アメリカの核の役割を低減する政策転換に反対するという「皮肉な悲劇」が展開されたのである。

　この日本政府の姿勢を見ていたクリントン政権時代の国防長官ウィリアム・ペリー氏は、日本政府に次のように語りかけている。

　核攻撃にさらされた唯一の国として、そして、核兵器廃絶を支持するものとして、日本は核の先制不使用をその目的の第一歩として支持すべきである。すべての国が先制不使用政策を宣言すれば、その宣言には信頼性が生まれ、兵器が不要となってその廃絶に協力できるだろう。先制不使用に反対することで、日本は核軍縮の原則そのものに反対しているのである（『核のボタン』田井中雅人訳。朝日新聞出版・2020年）。

　ペリー氏は、日本政府に先制不使用政策への賛成を勧めているのである。ただし、ペリー氏は、この本で、100発程度の核弾頭の保有を容認していた。そのペリー氏は、最近、アメリカは禁止条約を支持すべきだと主張している。先制不使用だけではなく、核兵器廃絶に踏み込んだのである。これも禁止条約発効がもたらしている大きな変化であろう。

　オバマ大統領時代の副大統領バイデン氏が新たな大統領に就任した。先制不使用政策が再度打ち出されるかどうかはまだわからない。打ち出された時、日本政府に反対させるわけにはいかない。日本政府は「敵基地攻撃」を計画し、その手段として限定的な核兵器使用も検討すべきだという言説も存在している。このような姿勢が継続する限り、禁止条約などは無視されるし、場合によっては、独自核武装論すら再燃するであろう。「唯一の被爆国」との枕詞がむなしく響く。

　私は、日本政府に対し、アメリカの核政策が核兵器の役割の低減に向かう際には、反対するなと要求する。核兵器の先制使用を容認することは、唯一の被爆国の政府として絶対にしてはならない倒錯的な行動だからである。

まとめ

いずれにしても、核兵器国を禁止条約に参加させることは一筋縄ではいかないであろう。彼らはこれまでも、そして今も、核兵器を禁止し、廃絶することには反対なのである。(「究極的」というのは無意味どころか有害な修辞である。) その理由は、核兵器は戦争を早期に終結し、多くの人命の喪失を防いだ「救世主」だ。冷戦を熱戦にしなかった「秩序の兵器」だ。「長い平和をもたらした兵器」だ。敵の侵略を抑止する必要不可欠な兵器だ。同盟の絆だという「核抑止論」にとりつかれているからである。

禁止条約はそのような核兵器の必要性や有用性をすべて否定し、核兵器のいかなる使用も「壊滅的人道上の結末」をもたらすので、それを廃絶しなければならないとしたのである。

核兵器を「守護神」とする人たちからすれば、禁止条約は自衛のための武器を奪う許しがたい条約ということになる。核兵器国が禁止条約を敵視する根本的理由はここにある。核兵器を「救世主」と考える人と人類と共存できない「悪魔の兵器」と考える人との間には決定的対立がある。この対立の解消は極めて困難である。

けれども、この対立を解消しない限り、核兵器はなくならない。それを解消する唯一の方法は、「核抑止論」を克服して、「悪魔の兵器」を廃絶する政府を樹立することである。それは、困難ではあるが、疫病や気候危機との対抗あるいは貧困と格差の解消に比べればまだ容易である。

なぜなら、ウィルスや気候という自然が介在するわけではないし、資本主義的生産様式の転換が必要とされるわけでもないからである。人間が作り使用する兵器を廃絶すればいいだけだからである。すでに、1980年代のピーク時には7万発ほど存在した核弾頭は1万3千発台まで減らされている。やればできるのである。

そして、国内世論を見れば70％の人々が禁止条約に賛同している。ヒバクシャ国際署名は1370万筆を超えている。「安保法制の廃止と立憲主義の回復を求める市民連合」は核兵器禁止条約の署名と批准を共通政策として提案している。

北大西洋条約機構(NATO)加盟国と日韓の元首脳ら56人(鳩山由紀夫元首相はその一人)が、禁止条約参加を訴えた書簡を発表している。米国の核兵器が配備されているベルギーでは政権が交代し、新政権が禁止条約

によって「核軍縮をさらに加速させる方法を模索」する方針を発表している。スペイン、イタリア、アイスランド、オランダ、デマーク、ベルギーなどでは77％以上の人が禁止条約支持している。

　アメリカにおいても、核兵器についての意識が変化している。米国の若い世代の核兵器廃絶支持は7割だという。この変化の原因は、被爆者の証言などによって原爆が人間に何をもたらしたのかについて知られてきたこと、戦争早期勝利のために原爆投下は不必要だったとの研究成果が公表されていること、国際社会で「核兵器のない世界」への動きが強まっていることなどである。「無知のベール」が取り払われているのである。

　原爆投下の実相だけではなく、核兵器が使用されれば祖国も愛する人も滅びてしまうこと、核兵器を安全のための道具として使用することは自殺行為だということ、ライフル銃と核兵器は全く質の違う道具であり、核兵器で物事を解決することは「時代遅れ」だということ、そして、核戦争は、敵と味方だけではなく、第三国も巻き込み、地球環境を破壊し、人類社会の存続を脅かすことが共有されつつある。これらは「核抑止論」が克服される土台となるであろう。

　私たちは、核兵器に依存する国に生活する人たちに、核兵器に依存することの愚かさと危険性を伝え、すべての人々と「核兵器のない世界」を達成し、維持することが「世界の最上位にある公共善」（禁止条約前文）であることを共有しなければならない。それが、「核兵器のない世界」を実現するもっとも確かな道であろう。

　日本やアメリカ政府の姿勢を変えるためには、それぞれの国民の意識が変わらなければならない。今、その意識は変わりつつあることに確信を持ち、禁止条約を大きく成長させたいと思う。

第5章

核兵器禁止条約と核不拡散条約（NPT）6条の関係
―国際司法裁判所の勧告的意見も視野に入れて―

　　この文章は、核兵器禁止条約と核不拡散条約の関係についてのものである。核兵器国や日本政府は禁止条約に背を向けているけれど、核不拡散条約についてはその順守を呼びかけているので、そのことをどう考えるかについてのものである。『反核法律家』107号（2021年夏号）に掲載されている（脱稿は3月7日）。

はじめに　問題の所在

　今年は、国際司法裁判所（以下、ＩＣＪ）の「核兵器の威嚇または使用の合法性に関する勧告的意見」（以下、勧告的意見）が発出された1996年から25年の節目の年である。勧告的意見は「核兵器の使用または威嚇は、武力紛争に適用される国際法の規則、とりわけ人道法の原則および規則に一般的に違反するであろう。しかしながら、裁判所は、（中略）国家の存亡そのものが危険にさらされている自衛の極端な状況において、核兵器の威嚇または使用が合法であるかについて確定的に結論を下すことができない」（主文Ｅ項）としていた。核兵器の使用が合法となる余地を残していたのである。

　その論理は次のようなものであった。核兵器の特性を考えれば、核兵器の使用は武力紛争に適用される法の原則―その核心にあるのは人道の優先―とほとんど両立できないであろう。しかしながら、裁判所は、核兵器の使用が武力紛争に適用される法の原則に、必ずいかなる状況においても矛盾するという結論は出せない。なぜなら、国家の生存という基本的な権利を無視できないからである。そして、国連憲章51条の自衛に訴える権利を度外視できないし、国際社会のかなりの部分が長年にわたって依拠して

きた「抑止政策」と言われる慣行も無視することはできないから、という
ものであった。

　核兵器使用の非人道性は否定できないが、核兵器による自衛権の行使
（核抑止政策）も度外視できないという論理である。「核兵器のない世界」
を実現する上では、不徹底な結論であった。

　今年1月22日に発効した核兵器禁止条約（以下、禁止条約）は、核兵器
の使用や使用するとの威嚇だけではなく、開発、実験、製造、保有、授受
までも禁止し、核兵器の廃絶を展望している。核兵器は「国家の生存」の
ためであっても使用できないし、「核抑止政策」という慣行も無視された
のである。核兵器の使用や使用の威嚇は「一般的に違法」というだけでは
なく、例外のない「絶対的な違法」とされたのである。勧告的意見当時の
C・G・ウィラマントリー判事の少数意見が、条約国際法として結実した
のである。

　ICJの勧告的意見から25年を経て、「核兵器のない世界」に向けて
「あるべき法」が「（現に）ある法」として実現したのである。そして、禁
止条約は、加盟各国に、その普遍化を命じている[1]。「核兵器のない世界」
に向けての歴史的な進展がここにある。

　けれども、核兵器保有国や核兵器依存国（以下、両者合わせて核兵器国と
いうこともある）は、禁止条約には「致命的な欠陥がある」とか[2]、「国民の
生命・財産を危険に晒す」[3]などと口を極めて反対している。勧告的意見
を乗り越えた禁止条約は発効したけれど、核兵器が現実的に廃棄される見
通しはまだ立っていないのである。

　こういう状況の中で、私たちは、今、何をしなければいけないのだろう
か。禁止条約、核不拡散条約（以下、NPT）、勧告的意見、NPT再検討
会議の決議、日本決議などをキーワードとして考えてみよう。

核兵器をめぐる現状

　現在、世界には1万3千発を超える核弾頭が存在している[4]。核兵器大
国は核兵器の質的向上を図り、使用の敷居を下げている[5]。米ロ間の戦略
兵器削減条約（新START）は延長されたけれど、多国間の核兵器削減交
渉が始まる気配はない。核兵器保有国は、核兵器が自国と同盟国の安全を

保障する抑止力であるとして核兵器を手放そうとしていない。核兵器依存国は「核の傘」を求めている。拡大核抑止である。

核抑止とは、核兵器による脅迫であるから、核軍拡競争に歯止めがかからなくなる。そして、一触即発の危険性も増大する。米国の核兵器は高度警戒態勢に置かれ、地上発射型であれば、数分以内に発射できるという。もちろん、発射されたミサイルを呼び戻すことはできない[6]。

そして、意図的な使用だけではなく、人為的ミスや、機械の誤作動、サイバー攻撃などによる核兵器の応酬の危険性も増幅している[7]。だれも「核のボタン」を押さないのに核兵器が発射されるかもしれないのである。「終末まで 100 秒」という警告も発せられたままである[8]。ヒロシマ・ナガサキが大規模に再現される危険は消えていない。

私たちは、「壊滅的人道上の結末」をもたらす地雷原の中で生活しているかのようである。私たちの生存と生活を脅かす核兵器をなくすことは喫緊の課題である。

禁止条約の役割と批判

その課題をやり遂げるうえで、禁止条約は有用である。なぜなら、先に述べたとおり、禁止条約は、核兵器の使用や使用するとの威嚇のみならず、開発、実験、保有、授受などを全面的に禁止し、その廃絶を規定しているからである。禁止条約は、核兵器という究極の暴力に対して法規範という制約をかけているのである。「力の支配」から「法の支配」へという大転換がここにある。

しかしながら、核兵器国の抵抗は激しい。その理由は、結局のところ、核兵器の抑止力を否定しているということと、ＮＰＴ６条があるという二つである[9]。彼らは、禁止条約が核兵器の抑止力を否定していることを「致命的欠陥」と指摘し、禁止条約はＮＰＴにとっての妨害物であり、「不要だ」と主張しているのである。この反対理由に説得力はあるのだろうか。以下、検討してみよう。

禁止条約の「致命的欠陥」

彼らのいう「致命的欠陥」とは、禁止条約が「核抑止論」を否定していることである。禁止条約は核兵器の使用や威嚇はもとより存在そのもの禁

止しているのだから、相手国を核兵器で脅迫してその行動を制約するという「核抑止論」は成立しないことになる。この点での、彼らの禁止条約理解は正しい。

けれども、それが禁止条約の「致命的欠陥」だと非難することは無理である。なぜなら、禁止条約の核兵器観と彼らも締約国であるＮＰＴの核兵器観は相似形をなしているからである。ＮＰＴの前文は「核戦争が全人類に惨害をもたらす」ので、「そのような戦争を避けるためにあらゆる努力を払う」としている。ＮＰＴは核戦争の惨害を避けるための条約なのである。

他方、禁止条約は「壊滅的な人道上の結末」をもたらす核兵器の使用を避けるためには、「核兵器が完全に廃絶されることが必要」であり、それが「核兵器が決して再び使用されないことを保証する唯一の方法」だとしている。

このように、禁止条約とＮＰＴは、核戦争を避けるということでは共通しているのである。だから、禁止条約を否定することはＮＰＴを否定することにつながるのである。ここに着目すれば、彼らの批判は全くの的外れということになる。

ただし、禁止条約は、「核戦争を避けるための努力」だけではなく、「核兵器を完全に廃絶する」としていることに注意しなければならない。その違いがあるので、禁止条約とＮＰＴは相似形をなしてはいるけれど合同形ではないのである。核戦争を避けるための抜本的方法が核兵器を廃絶することであることは３歳児にもわかる理屈である。禁止条約の選択が首尾一貫していることは明らかである。ＮＰＴの努力義務は超越されているのである。

核兵器国はその「超越」が気に入らないのである。結局、彼らは、核戦争は避けたいとしているけれど、核兵器の廃絶には反対なのである。そして、禁止条約が核兵器の廃絶をいうことが「致命的欠陥」だとしているのである。その論理は次のとおりである。

そもそも、国家は人民の生命と財産を守るためにある。国家がその任務を果たすためには、国家の独立と安全すなわち「国家の生存」が確保されなければならない。国家なくして人民を守ることはできないからであ

る。「国家の生存」には侵略に対抗する自衛力が必要である。敵に攻撃させない抑止力が必要である。「平和を望むなら、戦争に備えなければならない」のである。核兵器には敵を絶対的に打ち倒す能力があるので、敵の行動を抑止することが可能になる。敵対行動に出ないように抑止し、出れば大きな損失を被ることを予測させて攻撃を思いとどまらせるのだ。これこそが抑止力としての核兵器の役割だ。核兵器は国民の命と財産を守る自衛の手段として必要不可欠なのだ、という論理である。

　この論理は、25 年前のＩＣＪも否定しきれなかった論理である[10]。こうして、その有用かつ必要な手段としての核抑止力を否定する禁止条約は、「国民の生命・財産を危険に晒す」という「致命的欠陥」を持つ危険な条約とされるのである。

彼らの核兵器観

　彼らは、抑止力とは敵の攻撃を抑止する力であるとしている。核兵器は「戦闘のための手段」ではなく「戦争を避けるための手段」だというのである。こう考えれば、核兵器は、ＮＰＴの目的に反しないどころか、むしろ「人民の安全を保障するための措置」として尊重されるべき対象なのである。これが彼らの核兵器観である。

　この論理の下で、無差別大量の殺傷と破壊をもたらす「最終兵器」である核兵器は「秩序の兵器」として合理化され、自分たちだけがそれを保有する不平等は放置され、核兵器が存在することによる危険性は無視され続けるのである。そして、この核兵器観によれば、禁止条約には「致命的欠陥」があるので、賛成どころか廃止されるべき対象とされるのである。

　このように彼らがいう禁止条約の「致命的欠陥」というのは、禁止条約が核抑止論を否定していることを意味している。けれども、その核抑止論の否定こそが、まさに禁止条約の存在理由なのである。別の言い方をすれば、禁止条約は核抑止論の欺瞞性と危険性を白日の下にさらけ出し、核抑止論を信奉する国家群と禁止条約推進国家群との対立を顕在化したのである。禁止条約を推進しようとする私たちは、彼らの禁止条約批判に対する反批判を展開しなければならない。その中核は核抑止論批判である。その批判の論点を素描してみよう。

核抑止論者は、核抑止が功を奏した例として「冷戦」が「熱戦」ならな
かったことをあげている[11]。核兵器が存在していることも核大国間の「熱
戦」が勃発しなかったことも事実である。けれども、「熱戦」が勃発しな
かったのは核兵器が存在したからだと断言することはできないであろ
う。なぜなら、「熱戦」勃発しなかった原因が、核兵器の存在以外にはな
いという証明がなされない限り、核兵器の存在がその原因だとする主張は
証明されたことにはならないからである。例えば、旧ソ連に米国を攻撃す
る意図がなかったとすれば「熱戦」は起きないことになるから、核兵器の
存在を起きなかったことの原因とはできないであろう。そして、旧ソ連が
米国を攻撃しようとしていたとの証拠は見つかっていない。

　そもそも、何かが存在しないことの原因を証明することは不可能に近
い。逆に、いい加減なことを言うことは容易である。こんな例え話があ
る。ある年、火山が噴火して、人々は恐れおののいた。ある宗教指導者
が、火山の神様の機嫌を取るために乙女を火山に投げ込めと言った。人々
はそれに従った。すると翌年、火山は爆発しなかった。その宗教指導者
は、乙女を放り込んだので火山の神を鎮めることができたと胸を張っ
た。その後人々は乙女を火山に放り込み、火山の噴火は起きていない[12]。

　二つの事実が同時に存在することと、その二つの事実の間に因果関係が
あるかどうかは、まったく別次元の問題である。「熱戦」が起きなかった
原因は核兵器の存在にあるという命題は証明されていないのである。核抑
止論者は主観的意見を述べているだけであって、そこに客観的合理性はな
い。核抑止論は「最も危険な集団的誤謬」[13]の一種なのである。
　そして、核抑止論の最大の矛盾は、核抑止が破綻して核兵器の応酬が行
われれば、保護すべき人民の命も財産も失われてしまうことである。核兵
器の応酬は、敵も味方もそして中立国の人々を殺傷し、地球環境も破壊し
てしまうのである。それは、人民の命と財産を保護するはずの核兵器
が、人民の命と財産を奪うという最悪の逆説が出現するということであ
る。しかも、地球環境に大きな負荷をかけるのである。平和を求めて準備
した核兵器が究極の破壊をもたらすのである。核兵器とはそういう特性を

持つ兵器だということを忘れてはならない。そして、不幸なことに、抑止が破綻しない保証はありえないのである。なぜなら、核抑止体制は人間と機械の複雑な営造物であり、間違いを犯さない人間はいないし、故障しない機械はありえないからである。核兵器が存在する限り、破綻の危険性が消えることはない。

更に付け加えておけば、核抑止論は、結局のところ、地球と人類の命運を、核超大国の政治指導者の「決断」に委ねていることと同義なのである。最終的に「ボタン」を押すのは彼らだからである。つい最近まで、米国には「ちびのロケットマン」から「狂った老いぼれ」と罵られていた大統領がその「ボタン」を握っていたことを忘れてはならない。

このように、核抑止論は虚妄と危険にまみれているのである。「致命的欠陥」は禁止条約にあるのではなく、核抑止論にこそ存在しているのである。

ＮＰＴ６条の意味

さて、次の問題である。彼らは禁止条約がＮＰＴと対立しているかのようにいう。けれども、ＮＰＴと禁止条約は、核戦争を阻止するためという基底のところで重なり合うことは先に述べたとおりである。そして、禁止条約前文は「ＮＰＴは核軍縮及び不拡散体制の礎石、…国際の平和及び安全の促進において不可欠な役割」としている。禁止条約そのものが、ＮＰＴが礎石であるとしているのである。禁止条約はＮＰＴの妨害物という議論は筋違いである。

そもそも、ＮＰＴ６条が義務付けている核軍縮交渉を開始することもしないで怠惰な態度をとり続けてきたことを棚に上げ、ＮＰＴがあるから「禁止条約は無用」などという言説は無責任極まりないであろう。

ところで、ＮＰＴ６条は「各締約国は、核軍備競争の早期の停止及び核軍縮に関する効果的な措置につき、並びに厳重かつ効果的な国際管理の下における全面的かつ完全な軍備縮小に関する条約について、誠実に交渉を行うことを約束する」としている。核軍備競争の停止、核軍縮（nuclear disarmament・核廃棄）、完全な軍備縮小に関する条約の誠実な交渉を義務付けているのである。

この６条は、核兵器保有国が、他国に核兵器を保有させないことと引き

換えに、自らの核兵器の廃棄を約束している条文であり、「核兵器のない世界」に向けての法的枠組みである。この6条が文言どおりに履行されていれば禁止条約はいらないのである。その履行がスムースに進まなかったので禁止条約という別ルートが開拓されたことを忘れてはならない。

　禁止条約前文は「核軍縮の進展が緩慢であること、軍事上及び安全保障上の政策において継続的に核兵器に依存していること、並びに核兵器システムの生産、維持及び近代化の計画のために経済的及び人的資源を浪費していることを憂慮し」としている。ここでは、核兵器国などが核抑止論に執着し、核兵器のために資源を浪費し、核軍縮交渉を誠実に進めてこなかったことなどが指摘されているのである。

　彼らが本気でNPT6条の現実化を図るというのであれば、それに反対する理由はない。むしろ、大いに激励したいところである。彼らは本気なのだろうか。

核兵器依存国が6条をいう理由

　彼らは、NPTの前文が「核戦争が全人類に惨害をもたらす」ので「そのような戦争を避けるためにあらゆる努力を払う」としているにもかかわらず、核兵器は「核戦争を避けるための手段」、「人民の安全を保障するための措置」としていることは前に述べた。この論理に従えば、NPT6条も容認できないことになる。核兵器の抑止力を奪うということでは禁止条約と同様だからである。しかも、彼らは、これまで、6条の条約を実現するための交渉を始めようとはしなかった。彼らは、論理的にも、歴史的にも、NPT6条など歯牙にもかけてこなかったのである。そんな彼らが、とってつけたように、NPT6条の実現などといっても信用することなど出来ない。

　そもそも、私は核兵器に依存している連中は愚かで危険な存在だと見なしている。だから、彼らが、NPTを持ち出してきても眉に唾をつけて騙されないようにと身構えているのである。そんな私は、今回の彼らの提案は、禁止条約が発効してしまったので、自分たちも「核戦争を避けるための努力をしている」との印象を与えるための姑息なパフォーマンスだと思っている。

　けれども、彼らがそれを言うのであれば、有言実行を迫ることもありか

なとも考えている。誰でも、口先だけの嘘つきとされることは避けたいという心理は持ち合わせていると思うからである。そこで、次に、どのような論理で、彼らにその実行を迫るかを考えてみることにする。

ＩＣＪの勧告的意見

まずは、ＩＣＪ勧告的意見を振り返ってみよう。勧告的意見主文Ｅ項が「核兵器のない世界」を実現する上で不徹底な結論であることは冒頭に述べた。けれども、ＩＣＪは、それに続く主文Ｆ項で、ＮＰＴ６条について「厳重かつ効果的な国際管理の下において、あらゆる点での核軍縮に導く交渉を誠実に遂行し、且つ、完結させる義務が存在する」と全員一致で結論したのである。交渉の遂行だけではなく、その完結も勧告していたのである。その論理は次のとおりであった。

核兵器ほどの破壊的な兵器の法的地位に関して意見の対立が続けば、国際秩序の安定性が、悪影響を被ることになる。これに終止符を打つためには、以前から約束されている完全な核軍縮に最も適切な手段であるＮＰＴ６条が最大限に重要である。この義務の法的意味は、単なる行動の義務を超えている。すなわち、誠意ある交渉を進めることによって、明確な約束—あらゆる点における核軍縮—を達成することである。交渉を進め、且つ、これを完結させるという二重の義務は、ＮＰＴのすべての締約国、換言すれば、国際社会の大多数にかかわるものである。

このように、ＩＣＪは、ＮＰＴ６条を「完全な核軍縮に最も適切な手段」とした上で、その交渉の遂行と完結を勧告していたのである。この勧告的意見はＮＰＴ再検討会議の議論にも影響を与えている。

ＮＰＴ再検討会議での決議

もともと、勧告的意見の前年である1995年の再検討会議では「全ての国は、６条に定めるとおり、核軍備の縮小に関する効果的な措置につき、および、普遍的な目標である、厳重かつ効果的な国際管理の下における全面的かつ完全な軍備縮小に関する条約について、誠実に交渉を行うこと」という最終文書が作成されていた。そして、ＮＰＴは無期限延長された。ちなみに、再検討会議はいわゆるコンセンサス方式であるから、締約国190ヵ国全会一致の結論であった。

2000年の会議では次のような項目が確認されている。

◇6条の下で誓約している核軍縮につながるよう、核兵器国は保有核兵器の完全廃棄を達成するという明確な約束を行う。

◇核兵器国による、保有核兵器の一方的な削減の更なる努力をする。

◇すべての核兵器国を適切な早い時期において、核兵器の完全廃棄につながる過程に組み込む。

2010年には次のような行動勧告が行われている。

まず、原則と目的である。

◇会議は、条約の目的にしたがい、すべてにとって安全な世界を追求し、核兵器のない世界と安全を達成することを決意する。

◇会議は、核兵器のいかなる使用も壊滅的な人道上の結末をもたらすことに深い懸念を表明し、すべての加盟国がいかなる時も、国際人道法を含め、運用可能な国際法を遵守する必要性を再確認する。

核兵器の軍縮については次のようにいう。

◇会議は、具体的な軍縮努力の実行をすべての核兵器国に求める。また会議は、核兵器のない世界を実現し、維持するうえで必要な枠組みを確立すべく、すべての加盟国が特別な努力を払うことの必要性を強調する。

安全の保障についてはこうである。

◇会議は、核兵器の完全廃棄が核兵器の使用あるいは使用の威嚇に対する唯一の安全保障策であることを再確認する。

　これらの決議と禁止条約との連続性を見て取ることは容易である。ＮＰＴ締約国は、ＮＰＴ6条に着目して、核兵器の完全廃棄を展望していたことが確認できるのである。

　核兵器依存国は、自らが賛同してきた決議を実現すべきである。そうすることが、信義誠実というものであろう。

日本決議

　さてそこで、日本政府の行動である。日本政府は、昨年の国連総会で「核兵器のない世界に向けた共同行動の指針と未来志向の対話」と題する決議案を提出している。この決議は「核兵器のない世界の実現は国際社会の共通の目標」とし、「核兵器の壊滅的・非人道的な結末を認識」するとした上で、「第６条を含むＮＰＴの完全・着実な履行にコミットする」としている。この決議は、米国、英国も共同提案国である。そして、150ヵ国の賛同を得ている。この日本決議はその不徹底さを指摘されているけれど「６条を含むＮＰＴの完全・着実な履行」は肯定される提案である。この決議の提案国や賛同国は、この決議の完全・着実な履行を図るべきである。

まとめ

　このように見てくると、ＮＰＴ６条は核兵器を含む「完全な軍備縮小に関する条約」の誠実交渉を規定し、ＩＣＪはその条約についての「交渉を進め、且つ、これを完結させるという二重の義務」を勧告し、再検討会議では「核兵器国は保有核兵器の完全廃棄を達成するという明確な約束」が決議され、「核兵器の完全廃棄が核兵器の使用あるいは使用の威嚇に対する唯一の安全保障策であること」が再確認されているのである。加えて、「第６条を含むＮＰＴの完全・着実な履行へのコミットする」との日本決議には150ヵ国の賛成があるのである。

　締約国には、国際法上の「合意は拘束する」との法的義務がある。ＩＣＪの勧告的意見は尊重されるべきであろう。ＮＰＴ再検討会議の諸決議は全会一致である。日本決議は唯一の戦争被爆国である日本政府と唯一の核兵器使用国である米国政府の共同提案によるものである。これらの事実は重要である。

　日米両国政府は、ＮＰＴの締約国として、再検討会議の決議や自らが提案した決議にのっとって、可及的速やかに、ＮＰＴ６条の「核軍備競争の早期停止」、「核軍縮の効果的措置」、「全面的かつ完全な軍備縮小」に関する条約の交渉開始を提案すべきである。そうすることこそが責任ある政府のとるべき態度であろう。そして、その交渉開始に、国連加盟国193ヵ国のうち150ヵ国は賛成するであろう。これが「核兵器のない世界」に向け

ての、本来予定されていたルートである。

　その際に議論されるべき条約案として、すでに国連の討議文書となっている「モデル核兵器条約」が参考となる[14]。条約案を最初から作成する手間は省かれているのである。

　ＮＰＴの再検討会議は今年８月に予定されている。禁止条約の締約国会議は来年の早い時期に予定されている。ＮＰＴ６条にかかわる条約案と禁止条約とは矛盾するものではない。二つの会議でそれぞれの議論が行われることに何の問題もない。いずれも「核兵器のない世界」に向けての議論である。

　日米両国政府は、自らが国際法や憲法に従い、そして自らの言明を守る国であることを自任するのであれば、禁止条約に悪罵を投げかけるだけではなく、ＮＰＴ６条の実現に向けての現実的一歩を踏み出すべきである。

1　禁止条約12条（普遍性）は、「締約国は、すべての国によるこの条約への普遍的な参加を得ることを目標として、この条約の締約国でない国に対し、この条約を署名し、批准し、受諾し、承認し、又はこれに加入するよう奨励する」としている。

2　米国は、昨年10月、各国に宛てた「核兵器禁止条約に関する米国の懸念」と題する書簡で、禁止条約には致命的欠陥があるとしている。その理由は、世界を覆う安全保障上の脅威を無視して、核抑止を否定していることである。

3　外務省は、禁止条約反対の理由として、禁止条約は「国民の生命・財産を危険に晒す」ことを挙げている。

4　昨年６月10日、長崎大学核兵器廃絶研究センターは６月１日時点で世界に存在している核弾頭は１万3410発（推計）に上ると発表した。前年より470発減少したが、「兵器の性能は向上しており、軍拡は進んでいる」としている。

5　米国の2018年の核態勢見直し（NPR）。ロシアの2020年「核抑止の分野におけるロシア連邦の国家政策の基礎」などを参照のこと。

6　ウィリアム・ペリー『核のボタン』（2020年、朝日新聞出版）。

7　太田昌克『バイデンが直面する「核の多次元方程式」』（『世界』2021年３月号）は、AI・サイバー・宇宙空間といった新領域での技術革新競争は核リスクをより抑制困難なものにするとしている。

8　『ブレティン・オブ・ジ・アトミック・サイエンティスツ』は１月27日、核戦争などによる人類滅亡を午前０時に見立てた「終末時計」の残り時間を「100秒」と発表。世界的に流行した新型コロナウィルスの危機を挙げ、過去最短の残り時間だった昨年と同じとしている。

9　米国は先の書簡で「致命的欠陥」をいうだけではなく、禁止条約は「ＮＰＴに対し危険なまでに非生産的」としている。日本政府は、「核兵器禁止条約に参加することは、米国による核抑止力の正当性を損なう」、「国民の生命・財産を危険に晒す」とするだけではなく、「第６条を含むＮＰＴの完全・着実な履行にコミットする」としている。禁止条約は敵視するけれど、ＮＰＴは尊重するという姿勢である。

10 米国は、ＩＣＪの勧告的意見についてのコメントで、核抑止は米国と同盟国の防衛のために「重要な役割を果たしてきた」、「絶対的に必要な貢献を引き続き果たす」としている。そして、勧告的意見は「米国と同盟国の防衛政策に変更を迫っていない」としている。ジョン・バロース『核兵器使用の違法性』（早稲田大学叢書、2001 年）

11 高橋杉雄・秋山信将『「核の忘却」の終わり』（勁草書房、2019 年）は、「核兵器の存在によって、…冷戦を「熱戦」へとエスカレーションすることなく、むしろ「長い平和」と呼ばれれる状況にとどめた」としている。

12 ウォード・ウィルソン『核兵器をめぐる５つの神話』（RECNA 叢書、2016 年）

13 国連事務総長の総会への報告『核兵器の包括的研究』（連合出版、1982 年）

14 モデル核兵器条約の正式名称は、「核兵器の開発、実験、生産、貯蔵、移譲、使用および、使用の威嚇の禁止、並びに全廃に関する条約」である。核兵器禁止条約と同様に、核兵器の使用のみならず存在そのものを禁止し、廃絶を目的とする条約案である。1997 年、ＩＣＪの勧告的意見を受けて、法律、科学、軍縮、外交の専門家たちの手によって作成された条約案である。この条約案は、コスタリカとマレーシア政府によって、国連の正式な討議文書とされている。2007 年には改定案が作成されている。

第6章

「核兵器も戦争もない世界」を実現しよう！
─特に、米国の友人たちへの提案─

　この文章は『前衛』2020年7月号に掲載されたものである（脱稿は4月1日）。1920年代の米国の「平和運動」にも触れた反核と非戦の小論である。核兵器廃絶と9条の普遍化の関係を展開している。全文を英訳して国際反核法律家協会（IALANA）に送付している（英語版は日本反核法律家協会のホームページを参照）。唯一の核兵器使用国の法律家や市民への提案である。

核兵器国の動向

　今、世界には13,880発の核弾頭がある[1]。米国は6185発を保有し、1750発が作戦配備されている。作戦配備とは今すぐに使用できる状態をいう。大陸間弾道弾、潜水艦発射型ミサイル、戦略爆撃機などによって、敵国に核攻撃を加えることができるのである。その米国は、2018年2月に核態勢の見直し（NPR）を行い、非核兵器による攻撃に対しても核兵器で反撃できることとし、低爆発力核弾頭（TNT換算5ないし7キロトン、広島型は16キロトン）の製造を開始し、新型の核弾頭W76-2を搭載した潜水艦発射型弾道ミサイルを実戦配備している[2]。

　同年5月には、イラン核合意[3]から一方的に離脱している。現在、米国が主導する「イラン包囲網」がホルムズ海峡で張りめぐらされている。当然、イランは反発し、地域の緊張は高まっている。トランプ大統領は、今年の一般教書演説の中で、イラン軍の幹部殺害について「冷酷な殺戮者を私の指示で、米軍が殺害した」として、その危険な行動を誇示している。

　昨年2月には未臨界核実験[4]が行われている。核兵器のブラッシュアップである。そして、中距離核戦力（INF）全廃条約[5]は、昨年8月に失効

している。早速、米国は中距離ミサイル実験を再開し成功したと発表している[6]。

　忘れてならないことは、トランプ大統領は核兵器を持っているのになぜ使用できないのかと、1時間に3回、外交専門家に質問した人だということである[7]。米国は核兵器を使用する体制を維持している。そして、核兵器のボタンを持つ人は、その使用にためらいがない人なのである。

　ロシアはどうか。6500発の弾頭を持ち、そのうち1582発が作戦配備されている。プーチン大統領は、2019年の年次教書演説で、米国が離脱を通告したINF全廃条約に言及し、条約で禁止されていたミサイルが欧州に配備された場合には「ミサイルの使用を決定する中心地」にも対抗するとしている。また、新型の極超音速ミサイルなどで米国本土を狙う考えを示し、欧州へのミサイル配備を牽制している。改めて米国への強硬姿勢をあらわにしている。私は、彼がクリミアを併合した時、核兵器使用を検討したことを忘れていない[8]。彼も核兵器依存症なのである。

　中国は、290発の弾頭を保有しているが、作戦配備はしていないようである。しかしながら、核兵器禁止条約については強固に反対しているし、米国によれば、実験場の通年運用を準備している可能性があり、今後10年で保有量は少なくとも2倍になるというのである[9]。また、尖閣列島付近への公船侵入、南沙諸島での人工島の建設[10]など、東シナ海、南シナ海での覇権主義的な動きをしている。核兵器を容認し、力による政策実現をしようとする姿勢が顕著である。民衆の意思が、選挙という形では、政治に反映しない国家だけに、その動向に注意しなければならない。

　インドは130発、パキスタンは150発の核弾頭を保有しているけれど、作戦配備はしていないようである。けれども、両国はカシミールをめぐって厳しい対立関係にある。現に、武力衝突も発生している。しかも、昨年8月、インド政府はジャム・カシミール州の自治権を剥奪するとしたのである。緊張が高まることは間違いない。核兵器の使用される危険性がある。核ミサイルの応酬による被害は、当事国だけではなく、地球環境に大きな負の影響をもたらすであろう[11]。両国の指導者の冷静さが求められている[12]。

　フランスは300発、イギリスは215発の弾頭を保有し、フランスは280発、イギリスは120発を作戦配備している。ちなみに、ドイツ、イタリ

ア、オランダ、ベルギー、トルコには核兵器が配備されている。核シェア
リングである。ターゲットはロシアであろう。そして、現在、ＮＡＴＯ軍
は核戦争を想定した訓練を行っている[13]。ヨーロッパという狭い地域での
核戦争は、壊滅的な被害をもたらすであろう。

　イスラエルは80発の弾頭を保有しているけれど作戦配備はしていな
い。イランが核開発に踏み切った時、イスラエルがどのように動くかが注
目される。再び「先制的自衛」を口実としてイランの核施設への攻撃を行
うのであろうか[14]。大規模な軍事衝突が引き起こされる可能性がある。ト
ランプ大統領との関係やパレスチナに対する強硬な姿勢を見るとき、その
不安は増大するばかりである。

　北朝鮮は20発から30発の弾頭を保有しているが、作戦配備はされてい
ない。近時、核実験を繰り返していたが、最近は、核実験は中止され、短
中距離のミサイル実験が行われている。核兵器使用のためには核弾頭とそ
れを運搬する道具が必要であるから、ミサイル実験を軽視してはならな
い。朝鮮戦争の終結と朝鮮半島の非核化が求められている。金委員長とト
ランプ大統領との個人的関係がどこまで続くのか、その「信頼関係」の強
弱が問われることになる。

　このようにみてくると、核兵器保有国は核兵器使用の準備を常態化して
いることが確認できる。特に米国の動きが危険である。トランプ大統領の
腹一つで、核兵器はいつでも発射できる態勢にあるのだから。

　核弾頭の数は、ピーク時である1986年当時の7万発よりは減っている
とはいえ、近代化され、威力の増した核兵器が開発されている。人類社会
が滅亡するに十分な数である。

　そして、留意しなければならないのは、意図的な核兵器使用にとどまら
ず、意図的ではない核戦争の勃発である[15]。それは核兵器禁止条約でも指
摘されているとおりである[16]。いかなる原因による使用であれ「壊滅的人
道上の結末」が引き起こされることになる。

　核兵器保有国は、核不拡散条約（NPT）6条が規定する核軍縮交渉を誠
実に行うことや、それを完結させる意思など全く見せていない。核兵器禁
止条約の発効が近いとはいえ、核兵器国の実態を確認しておかなければな
らない。核兵器禁止条約が発効しても、核兵器国は核兵器を進んでなくす
ことなどしないであろうからである。このような現実とどのように向き合

うのか。そのことが問われている。私は、そういう現代にあって、一人の日本の法律家として、次のような決意をしている。

「核兵器も戦争もない世界」の呼びかけ

　私は、広島・長崎の被爆者と連帯する日本の法律家として、世界の法律家とりわけ米国の法律家と市民社会に「核兵器も戦争もない世界」の実現を呼びかける。

　被爆者と連帯するとは、被爆者は「核兵器も戦争もない世界」を求めているので、それに共鳴しようという意味である。法律家としてというのは、法の存在意義は、暴力によらない紛争解決を通じて人々の生命と自由と幸福の実現に資することにあり、その法の活用に携わるのが法律家だという自覚である。「核兵器も戦争もない世界」というのは、単に核兵器がないということだけではなく、戦争もない世界という意味である。それは、平和思想の表明や、政治的意思の形成にとどまらず、法的制度として「戦争のない世界」を実現するという決意である。そしてそれは、核兵器にとどまらず、一切の戦力もなく兵士も存在しない世界である。武器も兵士もいない戦争はありえない。そこでは、永遠平和の土台が墓場ではなく現実の社会に形成されることになる[17]。常備軍だけではなく一切の戦力の廃止である。

　「核兵器のない世界」は、核兵器禁止条約によって、法的枠組みが形成されようとしている。もちろん、条約が発効したからといって、核兵器国が核兵器を廃棄しない限り「核兵器のない世界」は実現しないが、法的枠組みが確立されつつあることは間違いない。その背景にあるのは、核兵器の使用は「壊滅的人道上の結末」をもたらすので、その結末を避けるには核兵器をなくすことである、という思想と論理である。

　核兵器禁止条約１条は、核兵器の使用や使用の威嚇だけではなく、開発、実験、生産、製造、取得、保有、貯蔵、移譲、受領なども違法としている。核兵器の違法性は、「あるべき法」ではなく「（現に）ある法」として確定されるのである[18]。

　他方、武力の行使が世界のあちこちで展開されている。戦争や武力の行使が、国連憲章上禁止されているにもかかわらず、個別的あるいは集団的「自衛権の行使」や「テロとの戦い」などを口実として、殺戮と破壊が継

続している。多くの人々が、理不尽な死や穏やかな日常を突然に奪われる不幸に襲われている。非人道的事態の発生である。武力行使に起因する恐怖と欠乏によって、人間の尊厳や平和的生存権を含む基本的人権が侵害されているのである。私は、そのような事態を放置したくない。戦争や武力の行使は、いかなる場合も許されないとすることが求められている。違法性が阻却される武力の行使はないとされるべきなのである。戦争の非合法化（Outlawry of War）である[19]。

　私は、それは決して不可能なことではないと考えている。世界には、軍隊を持たない、したがって、武力の行使が不可能な国家は26ヵ国ほど存在しているからである[20]。日本も、この75年間、他国の兵士や民衆を、直接的には、殺傷していない。米国への協力をやめ、この状態を続ければいいだけの話である（自衛隊解体の問題は残るけれど）。非軍事平和の国家の存続は決してユートピアではない[21]。そもそも、戦争も核兵器も人間の営みである。自然現象ではないのだ。

　私は、私たち被爆国の法律家には、被爆者の決意に共感しながら、「核兵器も戦争もない世界」の実現を求める特別の使命と責任があると考えている[22]。

被爆者の決意

　2001年6月5日、日本原水爆被害者団体協議会（被団協）は、「核兵器も戦争もない世界を求めて」と題する「21世紀被爆者宣言」を発している[23]。宣言は次のように始まる。

　　1945年8月6日、9日。アメリカが投下した二発の原爆は、広島・長崎を一瞬にして死の街に変えました。生きたまま焼かれ、肉親を助けることもできず、いったんは死の淵から逃れた者も、放射線に冒されて次々に倒れていきました。人の世とは思えない惨状でした。

　　原爆は人間として死ぬことも、人間らしく生きることも許さない、絶滅だけを目的とした絶対悪の兵器です。被爆者が人間として生きるには、原爆を否定するほかに道はありません。

　　被爆者はこの半世紀、苦しみをのりこえ、世界に原爆被害の実相

を語り、「ふたたび被爆者をつくるな」と訴えてきました。被爆者の訴えは「核兵器廃絶」の世論と運動となって広がり、世界の大きな流れとなっています。広島・長崎以後、核兵器の実戦使用は阻まれてきました。世界の世論と運動こそが、核戦争の抑止力になっているのです。

　このアピールの精神は、核兵器禁止条約の前文で、「核兵器使用の被害者（ヒバクシャ）及び核兵器実験により影響を受けるものにもたらされる容認しがたい苦しみと被害に留意し」とか「核兵器の全面的な廃絶の要請に示された人道の諸原則の推進における公共の良心の役割を強調し、また、このために、国際連合、国際赤十字社…及びヒバクシャが行っている努力を認識し」などという形で活かされている[24]。
　今、世界は、被爆者の想いと運動に共感しつつ、日本も含む反対勢力の妨害はあるけれど、核兵器のない世界に向けて大きく前進しつつある。核兵器禁止条約の署名国は 81 ヵ国、批准書の寄託国は 36 ヵ国となっている[25]。核兵器禁止条約が発効すれば（批准国が 50 になった後 90 日経過で発効）、核兵器の使用や使用の威嚇のみならず、その開発、実験、保有、移譲なども禁止されることとなり、核兵器保有国や核兵器依存国は、その核兵器依存政策の変更を迫られることになるであろう。核兵器の違法性が国際法規範として確立されることは、「核兵器のない世界」に向けての大きな一歩となるであろう。私たちはその一歩を止めてはならない。
　また、同宣言は次のように述べている。

　日本政府はアメリカの原爆投下の責任を追及せず、アメリカに追随し、核兵器廃絶の実現を先延ばししようとしています。アメリカの核政策に協力し、「核の傘」を支えていることも私たちは許すことができません。日本は事実上、核武装しているのと同じです。被爆国日本が、核加害国になろうとしているのです。この危険な現状に目をつぶることはできません。私たちは日本が「核の傘」から抜け出すことを求めます。日米核密約を破棄し、非核三原則を遵守・法制化すること。それが日本国憲法を活かし、被爆国、そして「非核の国」として世界の平和に貢献する道でもあるのです。

ここでは、米国の核の傘からの離脱が日本国憲法を活かし、「非核の国」として世界の平和に貢献することだと宣言されているのである。

　この宣言は、被爆者の切実な訴えとして発信され続けている。2例紹介しておく。

　2007年3月に結成された「ノーモァ・ヒバクシャ9条の会」の呼びかけ文には、「戦争の放棄、戦力の不保持、交戦権の否認を定めた9条は、『ヒロシマ・ナガサキを繰りかえすな』の願いから生まれました。被爆者にとって生きる希望になりました」とある[26]。

　また、2018年8月9日、長崎の平和式典で、被爆者代表の田中煕巳（てるみ）さんが「平和への誓い」を述べている。田中さんは、その中で「紛争解決のための戦力を持たないと定めた日本国憲法第9条の精神は、核時代の世界に呼びかける誇るべき規範です」としている[27]。

　このように、被爆者は、自らの体験から生まれた「ふたたび被爆者をつくるな」という思想に基づき、戦争の放棄はもとより、一切の戦力の放棄と交戦権を否認する日本国憲法9条の世界化を呼びかけているのである。私は、この呼びかけに応えたいと思う。

核兵器の廃絶と武力の行使禁止及び戦力一般の廃棄との関係

1. 現代の国際社会において、戦争や武力の行使は原則的には違法であるが、自衛権の行使などは例外として違法性が阻却されている。戦争や武力の行使が合法的である場合が想定されているのである。他方、その武力行使が許される場合であっても、禁止されている戦闘手段がある。文民と軍人、軍事施設と民生施設を区別しない無差別攻撃や兵士に不必要な苦痛をもたらす残虐な兵器[28]の使用は禁止されているのである。これが国際人道法である。武力行使が自衛のためなどとして違法でないとしても、残虐な兵器の使用は禁止されているのである。整理しておくと、①その武力行使が、違法性を阻却されないのであれば、核兵器であれ、通常兵器であれ、その武力行使は許されないことになる。②その武力行使が違法でないとすれば、非人道的ではない兵器の使用は許容される。核兵器が無差別・残虐な兵器でないとすればその使用は許されることになる。③逆に、核兵器が無差別・残虐

な兵器であるとすれば、当該武力行使が違法でないとしても、核兵器の使用は禁止されるし、その使用はその武力行使を違法とするのである。そして、核兵器は無差別かつ残虐な「絶対悪の兵器」なのである。

2. このように、核兵器使用の禁止と違法化は、武力行使の全般的禁止がなされなくても、その非人道性や国際人道法違反を強調する論理によって実現することは可能なのである。安全保障のための武力行使が必要だとしても、核兵器の非人道性や国際人道法を援用することによって、核兵器の違法性を導き出そうという論理である。これが人道的アプローチであり、「壊滅的人道上の結末」を避けるために制定される核兵器禁止条約の価値観と論理なのである。国家安全保障のためであっても核兵器の使用は禁止され、その禁止を担保するために、開発、実験、製造、保有、移譲、受領など一切の行為が禁止されているのである。そうなると、核抑止論は存在する余地がなくなる。なぜなら、核抑止論が有効であるかどうかにかかわらず、核兵器の使用や威嚇はもとより保有そのものが禁止されるからである。核兵器のないところに核抑止論は成り立たない。ここまで、国際社会は到達しているのである[29]。この到達点を確認し、前進させなければならない。

3. まさにこの核抑止論の根本的否定が、核兵器依存国は容認できないのである。国家安全保障のために、核兵器は必要だとしている核兵器依存国からすれば、自らが依存する核兵器を「非人道兵器」として違法化する核兵器禁止条約は、自らの正義感やプライドを否定しているので、どうしても発効させることはできないのである。だから強烈な抵抗を示しているのである。この対立に中間項はない。核兵器禁止条約は核兵器使用の違法性について一切の除外事由を規定していないからである。核兵器は絶対的に違法な存在とされているのである。

4. このように、核兵器禁止条約の下では、核兵器は国家存亡の危機にあっても使用できない兵器ということになる。このことは、国際司法裁判所の、核兵器の使用や威嚇は一般的に国際人道法に違反するが、自衛の極端な状況における核兵器の使用や威嚇については確定的なこ

とはいえないとした勧告的意見[30]の立場を乗り越えていることを意味している。核兵器禁止条約の下では、国家存亡の危機であっても、核兵器の使用や威嚇は確定的に違法とされるからである。核兵器使用の絶対的違法を主張した判事たちの奮闘が結実したといえよう[31]。

5. 私は、この到達点を踏まえ、核兵器禁止条約の早期発効と、核兵器国の取り込みを実現したいと考えている。けれども、気にかかることがある。一つは、核兵器を禁止し、廃絶することは大事業であるにしても、それだけで事足りるのかということと、もう一つは、核兵器国に核兵器を放棄させるために、その国の政府や民衆の意識を変えるために何をなすべきかということである。被爆者が「ふたたび被爆者を作るな」というスローガンにとどまらず、戦争も戦力も否定する日本国憲法9条擁護になぜこだわるのかという論点である。核兵器の非人道性を自らの体験としている被爆者の、核兵器禁止条約の実現だけではなく、日本国憲法9条についてのこだわりに耳を傾ける必要があるのではないかという問題意識である。核兵器使用の非人道性は、核兵器の禁止にとどまらず、一切の戦争や武力行使の禁止、すなわち自衛や制裁のための戦争も禁止し、したがって、一切の戦力保持を不要かつ違法とする方向への飛躍が求められているのではないかと思うのである。それは、核兵器の持つ特殊性にかかわる議論と直結している。

核兵器の特殊性
核兵器の特殊性については、使用された直後から、様々な形で語られてきた[32]。
その総括的な整理が核兵器禁止条約前文で次のように行われている。

> 核兵器の壊滅的な帰結は、適切に対処できないものであること、国境を越えること、人類の生存、環境、社会経済的な発展、世界経済、食料の安全及び現在と将来の世代の健康に重大な影響を与えること、並びに女性及び少女に不均衡な影響（電離放射線の結果としての影響を含む）を及ぼすこと

このように、核兵器の使用は、人類の生存、環境、食糧の安全、将来世代の健康への重大な影響などが指摘されているのである。要するに、核兵

器の使用は、人類社会の滅亡を招来すると危惧されているのである。ハルマゲドン（世界最終戦争）[33]、終末の到来といわれているのである。核兵器は、被爆者がいうように「絶対悪の兵器」であり、「人類と共存できない」のである。この特殊性についての議論は、日本国憲法制定過程でもテーマになっていた。

日本国憲法制定時の議会での議論

1946年、大日本帝国憲法の改定作業が帝国議会で行われた。核兵器をめぐって次のような議論が行われている[34]。この政府側の答弁をしているのは幣原喜重郎である。

> 今日の時勢になお国際関係を律する一つの原則として、或る範囲での武力制裁を合理化、合法化せんとするが如きは、過去における幾多の失敗を繰り返す所以でありまして、もはや我が国の学ぶべきところではありませぬ。文明と戦争とは結局両立しえないものであります。文明が速やかに戦争を全滅しなければ、戦争がまず文明を全滅することになるでありましょう。（8月27日政府答弁・288頁）

> 原子爆弾というものが発見されただけでも、或戦争論者に対して、余程再考を促すことになっている、…日本は今や、徹底的な平和運動の先頭に立って、此の一つの大きな旗を担いで進んで行くものである。即ち戦争を放棄するということになると、一切の軍備は不要になります。軍備が不要になれば、我々が従来軍備のために費やしていた費用はこれもまた当然に不要になるのであります。（8月29日政府答弁・321頁）

このように、当時の日本政府は、原子爆弾が発見されただけでも戦争の在り方を見直さなくてはならない。武力制裁を合理化、合法化することは失敗を繰り返すことになる。それは、戦争が文明を滅ぼすことにつながる、としているのである。「核の時代」の戦争が文明を滅ぼすことになるとすれば、戦争を放棄しなければならない、戦争を放棄すれば、軍備は不要になるという簡潔な論理である。このような議論が、日本国憲法9条制

定の背景に存在したのである[35]。そして、日本国憲法制定に大きな影響を
与えた連合国最高司令官ダグラス・マッカーサーの言動も無視することは
できない。

マッカーサーの対日理事会でのスピーチ

1946年4月5日、ダグラス・マッカーサー連合国最高司令官は、対日
理事会において次のような演説をしている[36]。

　提案されたこの新憲法の条項はいずれも重要で、その各項、その
全部が、ポツダムで表現された所期の目的に貢献するものである
が、私は特に戦争放棄を規定する条項について一言したいと思う。
これはある意味においては、日本の戦力崩壊から来た論理的帰結に
外ならないが、さらに一歩進んで、国際分野において、戦争に訴え
る国家の主権を放棄せんとするのである。日本はこれによって、正
義と寛容と、社会的ならびに政治的道徳の厳律によって支配される
国際集団への信任を表明し、かつ自国の安全をこれに委託したので
ある。

　近代科学の進歩のゆえに、次の戦争で人類は滅亡するであろう、
と思慮ある人で認めぬものはない。しかるになおわれわれはためめ
らっている。足下には深淵が口を開けているのに、われわれはなお
過去を振り切れないのである。そして将来に対して、子供のような
信念を抱く。世界はもう一度世界戦争をやっても、これまでと同
様、どうにか生きのびるだろうと。

マッカーサーは、日本の戦力放棄は、日本軍崩壊の当然の帰結というだ
けではなく、戦争に訴える国家の主権を放棄し、自国の安全を正義と寛
容、社会的、政治的道徳の規律によって支配される国際社会への委託を意
味しているとしているのである。そして、近代科学の進歩（原子爆弾）の
ゆえに、次の戦争で人類は滅亡するであろうと予言しているのである。
　このマッカーサーの対日理事会での演説は、幣原喜重郎の国会答弁の中
でも引用されている[37]。幣原とマッカーサーに共通するのは、日本国の憲

法から、戦争だけではなく、軍備も排除しようとしていることと、その理由を原子爆弾の発明に求めていることである。問題は、この二人の発想と発言にどの程度の説得力を認めるかである。

　私も、彼らのこの言動が、純然たる平和主義の発露であるなどとは考えていない。幣原は天皇のために最後の御奉公をと決意していたし[38]、マッカーサーは占領政策の都合上天皇を利用していた。天皇の存在は 100 万人の米軍兵士に匹敵するというのである[39]。二人にとって、呉越同舟のようではあるが、天皇を残すことは必要なことだったのである。

　当時、ソ連やオーストラリア、オランダなどは、天皇を戦犯として処罰すべきという意見を持っていた。そのソ連などの意見を封ずるために、日本軍の復活を不可能とする戦力放棄を取り入れたのだ、という説明が行われている。マッカーサーが朝鮮戦争時に、原爆使用を考えたことなどを想起すれば、その説明に一定の説得力はありそうである。もっと冷めた言い方をすれば、二人は、天皇の生き残りと活用のために、原爆を利用したのかもしれない。言い換えれば、天皇の戦争責任を、原爆被害によって、隠ぺいしようとしたのかもしれない。日本の敗戦は原爆投下のせいだという神話[40]の利用である。

　けれども、原子爆弾が発明され、現実に使用され、いつまた使用されるかわからない「核の時代」にあって、武力による紛争解決が続くとすれば、戦争が文明を滅ぼし、人類が滅亡することになるという彼らの予言は正鵠を射ているのではないだろうか。だとすれば、彼らの原爆に対する言及が、それぞれの政治的思惑によるものであったとしても、私たちはその言説に耳を傾けなければならないであろう。そこで次に、武力で国際紛争を解決しようとすれば、核兵器依存は続き、戦争が文明を滅ぼすという彼らの予言を検証してみよう。

武力による紛争解決と核兵器の関係

　武力で物事を解決しようとすれば、核兵器は防御不能であるがゆえに「最終兵器」となる。だから、核兵器国は手放そうとしないし、他国には持たせようとしない。核兵器国が核不拡散には熱心だけれど、ＮＰＴ６条の核軍縮義務の履行が遅々として進まない理由はここにある。俗な言い方をすれば「俺は持つお前は持つな核兵器」ということである。

核兵器は対抗手段のない「最終兵器」であるがゆえに、問題を武力で解決しようとすれば、核兵器を手放すことは軍事的合理性に反することになる。より強力な軍事力を備えることが自国の平和と安全のために必要だと考えれば核兵器の保有や使用は当然の結論である。結局、武力で国際紛争を解決しようとすれば、核兵器に依存することになるのである。これが、核兵器が存在する限り「核抑止力」は手放さない、との言明につながるのである[41]。こうして、「核兵器のない世界」は何時実現するのか、不透明なまま推移することになる。

　そして、仮に、平時において核兵器使用の禁止が約束されていたとしても、戦時になれば、その約束は反故にされるであろう[42]。結局、「核の時代」にあって、武力で紛争解決をしようとすれば、核戦争を招来し、人類社会の破滅をもたらすことになるのである。

　その破滅を避けたいのであれば、核兵器の使用を禁止しなければならないのだけれど、武力での紛争解決が容認される限り、核兵器への依存は続くのである。それは、論理的整合性を問うまでもなく、現実の世界が証明している。今、世界には1万4000発弱の核兵器があるとされている。「核の時代」は続いており、「終末時計」は100秒前を指している[43]。人類は滅亡の淵にいるのかもしれないのである。

　このように考えれば、マッカーサーと幣原の予言は、単なる思い付きではなく、その後の現実世界を鋭く描き出していたことになる。

　私は、彼らの現実政治家としての限界にのみ目を奪われるのではなく、その言動の中にある継承すべき部分にも光を当てなければならないように思うのである。

　それでは、なぜ、彼らの中に、私たちが継承すべきものが胚胎していたのであろうか。

マッカーサーと幣原の言動に影響を与えた思想と運動[44]

　1920年代の米国に、戦争非合法化（Outlawry of War）運動があった。弁護士サーモン・レビンソン、哲学者ジョン・デューイ、上院議員ウィリアム・ボーラーらによる運動である。その主張の骨子は、次のとおりである。

戦争を前提とする体制が戦争を再生産し続けているのであり、その体制を根底から変えなければ人類は戦争から解放されない。いかに戦争の違法化を目指しているにせよ、制裁戦争を認め、戦争を問題解決の手段としている限り、軍備は正当化され、国民は戦争に駆り立てられる。逆にいえば、戦争という制度を合法的存在としている国際法と国内法の体制を廃絶しない限り、戦争が廃絶されることはない。戦争を真に不可能にする唯一の方法は、国民が戦争に参加しないことである。戦争という制度を廃絶するためには、国民がそれを自らの意思として表明しなければならない。戦争は決してなくならないことを前提にするのではなく、戦争によらなくても紛争を解決する方法を探り出すことを国民一人ひとりが自ら追求し、国民の抗しがたい要求の結果として戦争を廃絶（the abolition of war）していかなければならない。

　この運動は、全米で展開され、彼らのパンフレットは 100 万部以上発行され、200 万人を越える戦争非合法化を求める署名が集まったという。これは米国史上最大の署名運動だという。きっと、私も署名したであろう。
　そして、この運動は、パリ不戦条約（1928 年）[45] に大きな影響を与えたという。河上暁弘は「パリ不戦条約は、この運動に大きな影響を受けています。不戦条約を結ぶことを決めた上院の外交委員長はボーラーでした。運動の仲間にはノックス元国務長官もいて、これがケロッグ国務長官に影響を与えたと考えられます」、「日本の外務省は不戦条約を結ぶ際、この条約について実によく調べていますが、条約の思想的淵源に戦争非合法化運動を挙げています」という。そして、9 条の思想的淵源には不戦条約、戦争非合法化運動がある。幣原喜重郎は米国大使を経験し、当時の大統領ウィルソンやケロッグやボーラーとつながりがあったとしている[46]。河上は、この大統領、国務長官、上院外交委員長などを巻き込んでの運動が幣原に影響を与えたであろうと示唆しているのである。
　ところで、結局のところ、レビンソンらの主張は不戦条約に十分には採用されなかった。不戦条約は、戦争は違法とした。そしてそのことは歴史的出来事であった。けれども、武力行使の抜け道封鎖と戦力不保持は実現できなかったのである。そして、その限界は、個別的・集団的自衛権の容認、集団安全保障体制の維持のための武力行使の容認という形で、国連憲

章に継承されている。

　幣原が、この運動にどの程度共感していたかは知らない。けれども、その主張を理解する知性は持ち合わせていたことは間違いないであろう。そして、その運動は幣原の思想形成に何らかの影響を与え、それが日本国憲法制定時の幣原の言動として湧出してきたことは十分に考えられることである。「核の時代」における戦争は文明を滅ぼすことになる。だから、一切の戦争と戦力を放棄するとの構想は、戦争非合法化運動と通底するからである。

　マッカーサーはどうだろうか。河上も山室信一も、マッカーサーの1951年の上院外交合同委員会での証言に着目している。彼が「日本人は自らの決断によって「戦争の廃絶」（the abolition of war）や「戦争の非合法化」（outlawing war）を憲法に書き込んだ」と述べている部分である。その用語は戦争非合法化運動の用語だというのである。マッカーサーが1920年代の戦争非合法化運動について知識を持っていたことは彼自身が述懐している。もちろん、陸軍のエリートであった彼は、その運動とは対立していた。けれども、対立するがゆえに、その思想を深く知る機会でもあったであろう[47]。原爆投下の影響も天皇の必要性も理解していたマッカーサーが、幣原とともに非戦・非武装の思想と規範を定立するうえで、戦争非合法化運動の水脈を想起したという推測は、決して荒唐無稽ではないであろう。
　また、山室は、マッカーサーの下で、日本国憲法の起草にかかわった米国の人々が、不戦条約がこうした非合法化運動の熱気の中で批准された時代に学生生活を送り、法律家や行政官として歩み始めた事実は、憲法9条の思想水脈を考える場合に無視できない歴史的背景であろうとしている[48][49]。

　戦争非合法化運動の特徴は、戦争を一切認めなかったことにある。制裁としての戦争、自衛のための戦争、正義の実現としての戦争なども、法の枠外に置いたのである。紛争を武力で解決することを否定し、裁判による解決を提唱したのである。徹底した平和思想であると同時に法の支配、紛

争の裁判による解決を提唱していたのである。そして、もう一つ看過してならないのは、この運動は民衆の支持が背景にあったことである。自立した市民、市民社会との連携の大切さが確認できよう。法の支配と市民社会への信頼は、宗教的な祈りや個人的な抵抗を超える理論と行動であることに着目しておきたい。

河上は、憲法9条の思想的淵源に、時代を異にする米国市民の戦争非合法化運動があったとするならば、憲法9条成立の歴史的意味がより国際的に深められるのではないだろうか。なぜなら、平和、人権、民主主義を希求してやまない市民の諸実践が、過去から未来へという形で、また、国境と民族を超えて、相互に影響を与え合っている事実が浮び上ってくるからである、としている[50]。

私は、河上の推論を支持したい。そのうえで、今、私たちが何をしなければならないのかを考えてみたい。

私たちに求められていること

本稿の冒頭で述べたように、現在、大国間に核軍拡競争の兆候が現れている。日本政府もその流れを押し止めようとはしていない。むしろ米国一辺倒の姿勢が顕著である。米国に追随し、「積極的平和主義」などとして、自衛隊を海外に派遣し、武力での紛争解決に手を染めようとしている。そのための改憲策動が手を替え品を替え執念深く続いている。

けれども、核兵器禁止条約を発効させようとする力や憲法改悪を許さない力も間違いなく働いている。絶望や幻滅にとらわれることはない。希望の道は拓かれているのだ。

確かに、巨大な力を持った者が、その力が物理的暴力であれ、資本力であれ、自ら進んで投げ出すことなど想定できない。それは人間の本性かどうかはともかくとして、私たちが容易に確認できる現実である。彼らからその力をはぎ取るのはその力を凌駕する社会的力だけである。核兵器という究極の暴力を保有し使用する権限を持つのは、核保有国の政治的責任者である大統領や首相である。彼らがその立場にあるのは、国民の同意である。直接的であるか間接的であるか、またその割合もともかくとして、核の発射ボタンを手に持つ者の正統性は国民の支持を根拠としているのであ

る。だとすれば、その正統性を付与できる国民の意思の転換があれば、彼らの正統性を剥奪することも可能ということになる。

　非核の政府を求めるためには、非核の政府を求める多数派の形成が必要ということになる。そのために何が必要か。核兵器のいかなる使用も「壊滅的人道上の結末」をもたらすことを理解してもらうことである。その「壊滅的結末」の歴史的現実が、広島・長崎の原爆体験をはじめとするヒバクの実相である。その実相を理解してもらい、核兵器廃絶の意思を形成してもらうことである。平穏な日常が、理不尽に奪われる苦痛や被害は、多くの人と共有できるであろう。それは人道の基礎だからである。

　核兵器禁止条約も、「ヒバクシャの容認できない苦痛と被害」を基礎としている。世界は、核兵器国などの抵抗はあるけれど、間違いなく核兵器と決別しようとしている。核兵器は必ず廃絶できる。それは人間が作ったものだからである。そのためには、再び核軍拡競争など許してはならない。

　その運動の上で、日本国憲法の役割は大きい。戦争の放棄だけではなく、戦力も交戦権も否定しているからである。そして、私たちは、約100年前、米国で、戦争そのものを廃棄しようという運動があったことを確認した。もちろんその運動は突然現れたものではなく、世界から戦争をなくし、恒久平和を念願する思想と運動を継承するものであった。

　ところで、当時と現在の最も大きな違いは、人類は核兵器を持ってしまったということである。樋口陽一は次のようにいう。国連憲章が1945年6月26日、サンフランシスコで作成されたとき、人類はまだ核兵器が何を意味するのか知らなかった。その国連憲章が最終的には武力による平和という考え方に立脚していたのに対し、8月6日（広島）と8月9日（長崎）という日付を挟んだ後の1946年日本国憲法にとっては、「正しい戦争」を遂行する武力によって確保される平和、という考え方をもはや受け入れることはできなくなった。

　私たちは、ここに、一つの説得的な結論を見出すことができる。

　ただし、樋口は、次のように付け加えている。核兵器に訴えてまで遂行されるべき「正しい戦争」はもはやあり得ないという説明は、確かに一つの説明となるだろう。とはいえ、それだけでは十分ではない。「ハイテク戦争」や「きれいな戦争」を演出して行われるとき、「正しい戦争」を否

定する論理は出て来ないからである[51]。

　樋口は、私たちに、核兵器使用の非人道性の主張の説得力を認めつつ、非人道的ではない戦争は認めるのか、と問いかけているのである。樋口は言外に非人道的でない戦争などありえないことを前提に、核兵器の廃絶にとどまらない、戦争そのものの否定を示唆しているのである。私たちは、その問いに答えなければならない。

　1920年代の米国では、第1次世界大戦の実情を見る機会があった。その戦争も残酷なものであった。けれども、核兵器はなかった。彼らは、核兵器のない時代に、戦争を合法的な制度としている国際法と国内法に根本的な疑問を投げかけ、戦争の非合法化を主張したのである。戦争の手段・方法の無差別性や残虐性を問題にするだけではなく、戦争そのものの合法性を奪い取ろうとしたのである。その論理は前にみたとおりである。

　ここにはコペルニクス的大転換がある。日本国憲法9条はそれを継承しているのである。国際連盟や国際連合では実現しなかったすべての戦争と戦力の放棄である。私たちはその到達点を確認しなければならない。核の時代にあってその地平から後退することは、人類を滅亡へと導くことになるからである。

　その運動から100年後の今、私たちには、憲法9条を守り、世界に広げることと、核兵器禁止条約を梃子に核兵器のない世界を実現するという二つの任務が課されているのである。

まとめ

　この二つの任務は、密接に関連しつつも、別の課題である。原爆投下以降も、世界から戦争や武力行使は絶えていない。核兵器がなくても戦争は可能なのだ。だから、戦争をなくすということと核兵器をなくすということは別の問題だということになる。

　もちろん、戦争をなくせば核兵器もなくなるけれど、戦争をなくさなければ核兵器がなくならないということでもない。戦争を容認しても、戦争の手段・方法としての核兵器を禁止すればいいからである。そうすれば、核戦争はなくなるし、核被害者は発生しないことになる。これが反核運動の論理と目標である。反核運動を熱心に進める人たちの中にも、自衛

戦争や制裁戦争を認める人たちはいる。国連憲章も個別的、集団的自衛権の行使や国際の安全と平和のための武力行使を排除していない。そして、戦力の保有は当然のこととされている。だから、戦力一般の廃止と核兵器の廃止は別々に語られるのである。こういう中でも、核兵器のない世界の達成は可能なのだということを確認しておきたい。私たちは、その達成を急がなければならない。

けれども、武力での問題解決が続く限り、核兵器国は核兵器を放棄しないし、仮になくなったとしても、核兵器はゾンビのように復活するであろう。このことはすでに述べてきたとおりである。だから、核兵器のない世界を維持しようとすれば、戦争一般を廃止しなければならないのである。

他方、憲法9条を守ろうとするならば、それを世界化し、普遍化しなければならない。「9条が一国だけというハンデ」(川柳) という状態を乗り越えなければ、世界から武力行使をなくすことができないからである。そして、それができない限り、核兵器使用による人類社会壊滅の恐怖から解放されないのである。9条が予定する「全世界の国民が、ひとしく恐怖と欠乏から免れ平和のうちに生存する権利」を実現するためには、「核兵器のない世界」が前提なのである。9条を活かすためには、「核兵器のない世界」の実現を目指して、最大限の努力が求められることになる。

最後にもう一度言う。核兵器も戦争もなくすことはできる。これらは人間の営みだから。さあ、一歩を進めよう。

1 長崎大学核兵器廃絶研究センターの資料 (2019年6月) による。以下、核兵器の数はこの資料による。
2 『しんぶん赤旗』2020年2月6日付 国防総省は、W76‐2について「迅速で、より残存性の高い戦略兵器」、「拡大抑止の下支え」、「ロシアのような潜在的敵国を念頭に置くもの」としている。
3 2015年、オバマ米国大統領 (当時) がイギリス、フランス、ドイツ、ロシア、中国とともに、イランとの間で締結した、イランが核開発を大幅に制限する見返りに、イランに対する制裁を解除する合意。
4 日本軍縮学会『軍縮事典』(2015年、信山社) によると、未臨界実験／臨界前実験とは、核分裂物質が臨界に達し、連鎖反応を引き起こす前の段階で反応を停止させることで、核爆発を伴わずに実施される核実験のこと。
5 中距離核戦力全廃条約 (Intermediate-Range Nuclear Forces Treaty) は、1987年、米国とソビエト連邦との間に結ばれた軍縮条約の一つで、中距離核戦力 (射程550キロから5000キロ) を廃棄することを目的としている。
6 『中国新聞』2019年8月21日付

7 『毎日新聞』2018 年 1 月 30 日付夕刊。拙著『「核の時代」と憲法 9 条』（日本評論社、2019 年）

8 プーチン大統領は、2015 年 3 月 15 日、「クリミアの状況がロシアに不利に展開した場合、核戦力を戦闘準備態勢に置く可能性はあったか」と問われ、「われわれはそれをする用意があった」と明言している。

9 『しんぶん赤旗』2019 年 5 月 31 日付

10 海上交通の要衝で豊かな漁場でもある南シナ海は、石油・天然ガス資源の存在も指摘され、南沙諸島には中国、台湾、ベトナム、フィリピン、マレーシア、ブルネイが領有権などの権利を主張する。中国は南シナ海のほぼ全域に権利が及ぶと主張。南沙諸島に人工島造成を進め、軍事拠点化と推測される動きを見せている。『朝日新聞』朝刊　2016 年 7 月 13 日

11 ラトガーズ大学の研究チームは、核保有国同士で対立するインドとパキスタンが核戦争を始めた場合の被害を推計。核爆発ですぐに命を落とす人は 1 億人超。世界的に植物の生育が 20 〜 35％、海洋の生産性が 5 〜 15％低下。大規模な飢饉、生態系の破壊が起き、さらに多くの死者。核の影響から完全に回復するには 10 年はかかる、としている。『ニューズウィーク』電子版 2019 年 10 月 3 日

12 2002 年にインドとパキスタンの間で緊張が高まり、核戦争に発展する恐れが生じたとき、パウエル米国務長官（当時）はパキスタン首脳に電話し「あなたも私も核など使えないことはわかっているはずだ」と自重を促し、さらに「1945 年 8 月の後、初めてこんな兵器を使う国になるつもりなのか。もう一度、広島、長崎の写真を見てはどうか。こんなことをするのか、しようと思っているのか」と迫ると、パキスタン側は明確に「ノー」と答えた。その後、インド側への働きかけでも同様な反応であり、双方とも冷静さを取り戻したという。『朝日新聞』2013 年 7 月 11 日付朝刊

13 『しんぶん赤旗』2019 年 10 月 24 日付

14 1981 年、イスラエルは、イラクの原子力施設を、「先制的自衛」を口実に空爆している。

15 意図的ではない核戦争の危機についての分類は次のとおりである。①正当な権限を持つ者の熟慮による明確な決定と無関係に開始される核戦争。②誤った仮定から開始される核戦争。③通常戦争から思いがけずにエスカレートする核戦争などである。ウィラマントリー『核兵器と科学者の責任』（中央大学出版部・1987 年）

16 核兵器禁止条約は、核兵器が継続的に存在することによる危険（事故による、誤算による、意図的な核兵器の爆発を含む）を指摘している。間違いを犯さない人間や故障しない機械はありえない。

17 カントは、「平和とは一切の敵意が終わること」としている（『永遠平和のために』岩波文庫・1985 年）。仮に敵意が芽生えても、戦力がなければ、武力衝突は不可能なので、戦力が存在しないことは永遠平和の土台になるであろう。墓場ではないところに永遠平和を創設しなければならない。

18 「裁判所の権限は法をあるがままに述べることであり、将来の法の姿を予測することではない。核兵器の使用または使用の威嚇は、法がどうあるべきかではなく、現行の法原則の下で違法であるかどうかである。裁判所の関心は、あるべき法ではなく、現にある法にある。」国際司法裁判所ウィラマントリー判事は、核兵器の違法性は「ある法」と考えていたが、「あるべき法」だと考える判事たちもいた。ちなみに、小田滋判事は、「ハーグに来るな、ニューヨークに行け」として違法性にかわる判断を拒否した。ジョン・バロース著　浦田賢治監訳『核兵器使用の違法

性』（早稲田大学比較法研究所叢書、2001 年）。

19　Outlawry of War とは、戦争を法の領域から放逐する。あるいは法の埒外に置くという意味。戦争を法の領域に置いたうえで、その違法か合法かを問うという「戦争違法化論」とは峻別される。

20　前田朗『軍隊のない国』（日本評論社・2008 年）　なお前掲拙著

21　自由民主党改憲草案は、9 条はユートピア思想だとしている。

22　日本反核法律家協会の基本的スタンスである。

23　被団協のＨＰに全文がある。

24　核兵器禁止条約の前文を参照のこと。

25　2020 年 3 月 21 日現在。批准国は次のとおり。ガイアナ、タイ、バチカン、メキシコ、キューバ、パレスチナ、ベネズエラ、パラオ、オーストリア、ベトナム、コスタリカ、ニカラグア、ウルグアイ、ニュージーランド、※クック諸島、ガンビア、サモア、サンマリノ、ヴァヌアツ、セントルシア、エルサルバドル、南アフリカ、パナマ、セントビンセント及びグレナディーン諸島、ボリビア、カザフスタン、エクアドル、バングラデシュ、キリバス、ラオス、モルディブ、トリニダード・トバゴ、ドミニカアンティグア・バーブーダ、パラグアイ　、ナミビア　※クック諸島は、同条約に調印せずに加入書を国連に寄託している。加入は批准と同じ法的効力を持つ。

26　前掲拙著参照

27　前掲拙著参照

28　毒ガスやダムダム弾、化学兵器、生物兵器、対人地雷やクラスター弾などである。

29　核兵器禁止条約は、2017 年 7 月、国連加盟国 193 ヵ国中 122 ヵ国の賛成で採択されている。

30　1996 年、国際司法裁判所勧告的意見Ｅ項。

31　ウィラマントリー判事は、核兵器の使用や威嚇は、絶対的に例外なく違法だとしていた。

32　前掲拙著参照

33　《ヨハネの黙示録》で、世界の終末に際して善と悪との最終決戦が行われる場所を指して用いられた語。転じて世界の死命を制する大決戦の意味にも用いられる。日本大百科全書

34　『復刻版帝國憲法改正審議録』新日本法規出版 2017 年

35　前掲拙著第 1 部第 1 章、資料 1 など参照

36　憲法調査会小委員会報告書『日本国憲法制定の由来』（時事通信社 1961 年）

37　8 月 27 日の答弁の冒頭部分　注 34 の 288 頁

38　「陛下は私に、内閣総裁の大命をお下しになった。…自分でできることなら生命を投げ出してもやらねばならぬと、硬く心に誓うに至った。」幣原喜重郎『外交 50 年』（中公文庫、1987 年）

39　1946 年 1 月 25 日付、マッカーサーの統合参謀長あて書簡

40　ウォード・ウィルソン『核兵器をめぐる 5 つの神話』（法律文化社、2016 年）

41　バラク・オバマ米国大統領（当時）の 2009 年のプラハの演説もそのようになっている。

42　1955 年。バートランド・ラッセルとアルバート・アインシュタインは「たとえ、水素爆弾を使用しないという協定が結ばれていたとしても、もはや戦時には拘束としてはみなされず、戦争が起こるやいなや双方とも水素爆弾の製造に取り掛かるであろう。なぜなら、もし一方がそれを製造して他国が製造しないとすれば、それを

製造した側は必ず勝利するからである」と声明している。ラッセル・アインシュタイン宣言

43　2020年1月23日　米国の科学誌「Bulletin of the Atomic Scientists」

44　この部分の記述は、河上暁弘『日本国憲法第9条成立の思想的淵源の研究』（専修大学出版会、2006年）。山室信一『憲法9条の思想水脈』（朝日新聞社、2007年）に依拠するところが大きい。

45　正式には「戦争放棄に関する条約」という。1928年8月27日パリで採択、署名された。条約を提唱したフランス外相 A.ブリアンと米国国務長官 F.ケロッグにちなんでケロッグ＝ブリアン条約、あるいは締結地にちなんでパリ条約とも呼ばれる。 この条約によって国際紛争を解決するため、あるいは国家の政策の手段として、戦争に訴えることは禁止されることになり、あらゆる国家間の紛争は、平和的手段のみで解決をはかることが規定された。しかし条約交渉を通じて「国際連盟の制裁として行われる戦争」および「自衛戦争」は対象から除外された。戦争の違法化を推進した点で非常に重要である。他方で自衛権という例外を生み出すきっかけともなった。国連憲章も同じスタンス。

46　1999年、原水爆禁止日本国民会議におけるハーグ平和アピール会議事前学習会での講演

47　河上前掲書参照

48　山室前掲

49　古関彰一は、ＧＨＱで憲法起草を担当した、チャールズ・ケーディス、アルフレッド・ハッシー、マイロ・ラウウェルらについて、戦時下で軍務についていたとはいえ、いずれも40代前半、ロースクールを出て弁護士経験を持つ法律家であった。思想的に自由であった時代に20歳代の青年期を送っている、と紹介している。『新憲法の誕生』（中公叢書　1989年）

50　河上前掲書

51　樋口陽一『立憲主義展開史にとっての1946年平和主義憲法　継承と断絶』、『恒久世界平和のために　日本国憲法からの提言』（日本評論社、1998年所収）

第7章

核兵器禁止条約の発効から9条の地球平和憲章化へ
―「平野文書」をヒントに考える―

　この章は、核兵器禁止条約の発効から9条の地球平和憲章化へ―「平野文書」をヒントに考える、マッカーサーの原爆使用計画と反共主義、ヨハン・ガルトゥングの「日本人のための平和論」、なぜ、米国は偉そうに振舞えるのか、の4本の文章で構成されている。テーマは、核兵器禁止条約の発効を受けて、憲法9条の普遍化・世界化を目指そうということである。
　日本国憲法9条の成立に大きな影響を与えた幣原喜重郎の思想を紹介し、彼とタッグを組んでいたマッカーサーが、朝鮮戦争で核兵器使用をもくろんでいたことについても書いてある。第6章でも書いたとおり、幣原にもマッカーサーにもそれぞれの政治的思惑はあったし、元々の彼らは平和主義者ではない。特に、マッカーサーは核兵器を本気で使用しようとしていた。また、「丸腰の平和主義」には著名な平和学者ガルトゥングも疑問を提起していることや、その彼は米国の「偉そうな振る舞い」を指摘していることもエピソード的に触れている。核兵器廃絶と非軍事平和主義を考えるうえで必要な視点だと思うからである。

　憲法9条を地球平和憲章にしようという運動がある。「9条地球憲章の会」である（私も賛同者の一人）。「核兵器禁止条約の発効から9条の地球平和憲章化へ―「平野文書」をヒントに考える―」は、その「9条地球憲章の会」主催の公開研究会（昨年10月14日）での報告である。

核兵器禁止条約発効の意味すること
　核兵器禁止条約の批准国は47ヵ国になった。あと3ヵ国の批准と90日の経過でこの条約は発効することになる。来年1月に延期されたNPT再検討会議のころには発効しているであろう。「核兵器のない世界」に向けての国際法上の枠組みが創られるのである。核兵器は「汚名」を着せられ「脱正統化」され、開発も実験も保有も使用も許されない非合法の兵器と

されるのである。そのことは、核兵器を保有したり使用する場合、それが違法ではないことについて証明しなければいけないことを意味している。けれども、それは核兵器の性質からして不可能であろう。この条約の発効は、核兵器廃絶に向けて、道義的、政治的側面にとどまらず、法的にも大きな一歩であることを確認しておきたい。

　大きな一歩であることは、アメリカを先頭とする核兵器保有国や日本のような核兵器依存国がこの条約に敵意をむき出しにしていることからも裏付けることができる。そもそも、国際条約は締約国を拘束するだけであるから、その条約が気に入らなければ入らなければいいだけの話である。それが国家主権である。にもかかわらず、アメリカは自国が入らないだけではなく、他国にも入らないよう働きかけている。それは、禁止条約が、自国の立場にマイナスの影響を与えると考えているからである。核兵器は自国の平和と安全を保障するものなので、それを放棄するなど論外だというのがその表向きの理由であるが、本音のところでは、核兵器を「汚い兵器」とされることに耐えられないからであろう。自分がいつも正しいかのように振る舞っているのでプライドが許さないのである。

核兵器禁止条約の普遍化を急ごう

　だから、この条約が発効しても、自働的に「核兵器のない世界」が実現するわけではない。むしろ、核兵器国と非核兵器国の対立が煽り立てられ、ＮＰＴ体制にひびが入り、「核兵器のない世界」は遠ざかるかもしれない。日本政府は、核兵器国と非核兵器国の架け橋となるなどというけれど、核兵器依存の姿勢を崩さず、お門違いの迷走を続けるであろう。

　かといって、現状を放置すれば、米ロをはじめとする核軍拡競争は止まらないし、その使用権限をトランプ大統領のような危険な人物が維持し続けるかもしれない。プーチン大統領や習近平国家主席の政治的基盤はトランプより強そうだし、彼らも核兵器依存症である。こうして、１万３千発強の核兵器が78億人の人類を標的にして出番を待っている状況が続くのである。しかも、それは、核兵器禁止条約が指摘するとおり、意図的ではない暴発があるかもしれないのである。

　核兵器の威力をよく知っている科学者たちは「終末」まで100秒だと警

告している。それが杞憂で終わればいいけれど、核兵器がなくなるのと、人類が滅びるのとどちらが先か判らないという人もいる。核兵器をなくさないと、知らないうちに、明日が来なくなるかもしれないのである。1962年のキューバ危機の時、あるアメリカの高官は「これが自分の見る最後の夕日になっても不思議ではないと考えた」と振り返っている。

　核兵器禁止条約の発効を契機として、更に、その普遍化を急がなくてはならない。核兵器国を巻き込まなくてはならないし、日本政府の態度を変えなければならないのである。

核兵器禁止条約の向こうにある課題

　更に問題はある。核兵器がなくなったからといって武力紛争や非核兵器がなくなるわけではない。核兵器を使用しない紛争は世界のあちこちで起きているし、これからも減らないかもしれない。戦争でうまい汁を吸っている軍産共同体がうごめいているからである。核兵器のあるなしと武力紛争のあるなしは論理的に不可分なわけではない。世界から武力紛争や戦力一般をなくすためには、核兵器をなくすだけでは足りないのである。

　「核兵器のない世界」の実現だけではなく、戦争も戦力もなくそうとする人にとって、まだまだ目的地は遠い。9条を地球平和憲章にするなどということは「狂人の叫び」のようである。「狂人の叫び」とは、幣原喜重郎氏（以下、敬称略）が自らを「狂人」にたとえたこと、半藤一利氏が「世界の各国が日本国憲法にならえ、と時々叫びたくなる」としていることにちなんでいる。その「叫び」に呼応する人は後を絶たない。全国各地で活動する「9条の会」や「9条地球憲章の会」などに結集する人々である。幣原がいう「素晴らしい狂人」たちが存在しているのである。私は、そんな人たちと「核兵器も戦争もない世界」を展望したいと考えている。「人は可能なことしか夢見ない」という言葉を信じて。

「核兵器も戦争もない世界」は多くの人の希望

　核兵器や戦争はないほうがいいと多くの人が思っている。国連安保理の常任理事国も核兵器の全面軍縮は約束している。核不拡散条約（NPT）6条にはそう書いてあるし、その旨のNPT再検討会議での合意もある。また、他国に戦争を止めろという場合もある。最近では、アメリカ、ロシ

ア、イギリスの首脳が、アゼルバイジャンとアルメニアにそう言っている。日本政府も「核兵器のない世界」は国際社会の共通の目標としているし、「積極的平和主義」を実践するなどとも言っている。

にもかかわらず、現実政治の中では、核兵器も武力の行使もなくなりそうもない。そして、この膠着状態が解消されない限り、私たちは、政府の行為による「この世の地獄」の危険性から解放されないことになる。

そもそも、日本国憲法は、戦争の放棄だけではなく一切の戦力も放棄するとしているのだから、その憲法規範どおりに国政が運営されていれば、こんな危険な膠着状態など発生していなかったはずである。もちろん、憲法の規範力が機能していたので、この75年間、「日本軍」は、直接的には殺傷や破壊はしていないし、その死亡もない。けれども、政府や与党にとって憲法は、すり抜ける対象になってしまっているのである。この事態を乗り越えるために、75年前にさかのぼって少しだけ考えてみよう。

幣原喜重郎の「狂気」

幣原喜重郎（1872年9月13日〜1951年3月10日）は憲法9条の誕生に大きな役割を果たした人である。彼がいなければ、非戦・非武装の憲法9条は生まれなかったであろう。彼は「天命を授かったような気がしていた」と述懐している。彼は、非軍事国家日本を実現しようと全身全霊を傾けていたのである。

彼の論理は、単純化していえば「核兵器が発明されたので、それを使用する戦争が起きれば、人類社会が滅びてしまう。だから、戦争などできない。戦争をしない保証は軍備を持たないことだ」ということである。核兵器使用は人類に「壊滅的人道上の結末」をもたらす。使用させない保証はそれを廃絶することであるという核兵器禁止条約の論理と相似形である。けれども、違いもある。幣原は、核兵器だけではなく、すべての軍備の廃止を主張していたことである。幣原は、それを自ら「狂気」としていたけれど、最高法規である憲法に書き入れたのである。

それから75年。憲法9条はそのまま維持されているけれど、自衛隊という戦力は存在し、アメリカの「核の傘」に依存する政策が展開されている。幣原の描いた未来社会は道半ばなのである。

そこでここでは、「平野文書」に記録されている幣原の言葉を確認しながら、９条が成立した背景をみることにしよう。「平野文書」とは、幣原の側近であった平野三郎氏が、憲法施行４年後の1951年に幣原本人から聞き取った記録である。この文書からは、国会答弁などとは違う幣原の息遣いが聞こえてくることに注目して欲しい。

　幣原はこの文書の中では「狂気」、「狂人」という言葉を使っているけれど、国会答弁では、当然のことだけれど、使用していない。また、マッカーサーも、幣原は「世界は我々が実際に即さぬ夢想家のように言って嘲り笑うでしょうが、百年後には我々は予言者といわれるようになっているでしょう」と言ったとしている。マッカーサーとの間では、「狂気」とか「狂人」という言葉は使われておらず、「夢想家」とか「予言者」という言葉が使用されていたのであろう。

　幣原の発言は多岐にわたっているが、ここでは次の三項目について検討してみる。第一は、自衛のための軍事力は不要なのかという論点である。そもそも、丸腰の国家などありえるのかという問題である。一切の戦力の放棄は非現実的かということでもある。第二は、核兵器は危険なものであるがゆえに、逆に世界大戦を抑制、抑止するかとの論点である。核兵器は「秩序の兵器」で「長い平和」をもたらすと評価できるのかである。第三は、幣原はアメリカとどのような関係を結ぼうとしていたかである。マッカーサーのためらいに対する幣原の考えが参考になる。

　これらの論点は、いずれも、当時も現在も、多くの人々が関心を寄せている問題であるし、簡単な問題でもない。しかし、「狂人の叫び」に共感する人にとっては避けられない論点である。

軍隊のない丸裸のところへ敵が攻めてきたらどうする

　これは、平野の幣原に対する正面からの問いかけである。

　幣原の答は「それは死中に活だよ。一口に言えばそういうことになる」である。

　幣原の答の大前提は、戦争と軍事力の放棄である。「たしかに今までの常識ではこれはおかしいことだ。しかし原子爆弾というものが出来た以上、世界の事情は根本的に変わって終ったと僕は思う。何故ならこの兵器

は今後更に幾十倍幾百倍と進化する。次の戦争は交戦国の都市がことごとく灰燼に帰すだろう。そうなれば各国は戦争をやめることを考えなければならない。戦争をやめるには武器を持たぬことが一番の保証だ」というのである。

　理屈はそのとおりだと思う。けれども、この答えでは、丸裸のところに敵が攻めてきたらどうするという不安に答えたことにはならないであろう。この不安は、政府の北朝鮮驚異の煽り立てとあいまって、現在も人々の心をとらえている。だから、憲法9条はこのままでいいけれど、自衛隊や米軍は必要だという心理になる。軍事力がないと敵が攻めてくるという不安である。「平和を望むなら戦争に備えよ」と昔から言われてきた。この不安を解消することは決して簡単なことではない。だから、改憲して自衛隊を正式な国防軍にしようとか、自衛隊を憲法上の組織とした上で、その行動を制約すべきだという「護憲的改憲論」なども主張されることになる。そして、この考えを無視することもできない。平和学の泰斗といわれるヨハン・ガルトゥングも「私は、武装解除（軍縮）が理想だと思っているが、防衛のために一定の武器保有は必要だと考えている」としているからである。ことほどかように、非武装国家をイメージすることは容易なことではないのである。

　私は、「国家は軍隊がなければ存在できないか」という問いに対しては、現実に軍隊のない国家が26ヵ国存在しているという事実を示すことにしている。国連加盟国は193ヵ国だから13％以上の割合である。国の大小はともかくとして、軍隊のない国家が現実に存在するのだから、9条をユートピア思想ということはフェイクである。
　また、よく日本は最初に軍隊を放棄した国だといわれるけれど、スイスとオーストリアの間にあるリヒテンシュタインは1868年に軍隊を廃止し、1921年に憲法でそのことを確認している。この国が、100年も前から、そして、ナチスの時代も軍隊を持たなかったことは知っておきたい事実である。

　更に、幣原は非武装宣言について次のように言う。

非武装宣言ということは、従来の観念からすれば全く狂気の沙汰である。だが今では正気の沙汰とは何かということである。武装宣言が正気の沙汰か。それこそ狂気の沙汰だという結論は、考えに考え抜いた結果もう出ている。要するに世界は今一人の狂人を必要としているということである。何人かが自ら買って出て狂人とならない限り、世界は軍拡競争の蟻地獄から抜け出すことができないのである。これは素晴らしい狂人である。世界史の扉を開く狂人である。

　幣原は「武装宣言」こそが狂気の沙汰であり、軍拡競争から抜け出そうとする「非武装宣言」こそが世界史の扉を開くとしているのである。当時、首相まで務めた政治家がここまで考え抜いていたのである。現代日本の首相の底の浅さが残念でならない。
　また幣原はこうも言っている。

　　世界平和を可能にする姿は、何らかの国際的機関がやがて世界同盟とでもいうべきものに発展し、その同盟が国際的に統一された武力を所有して世界警察としての行為を行う外はない。このことは理論的には昔から分かっていたことであるが、今まではやれなかった。しかし原子爆弾というものが出現した以上、いよいよこの理論を現実に移す秋がきたと僕は信じた訳だ。

　幣原は、世界連邦を展望し、軍事力を集中した上で、世界警察として行動するとしている。日本が軍隊を持たないだけではなく、世界からも軍隊をなくすという発想である。各国が自衛の武器を保有するという発想でもない。ガルトゥングが「自衛のための武器」の保有を認めていたことと比較してもより徹底した非軍事思想である。私には、これが言葉の本来意味での「積極的平和主義」だと思えてならない。

幣原の原爆観
　幣原は、原子爆弾について「異常に発達した武器」、「悪魔である」などとしている。大日本帝国政府は、原爆投下直後の1945年8月10日に「米機の新型爆弾攻撃に対する日本政府の抗議文」を発表している。その抗議

文は、原爆の無差別性と残虐性は国際法に違反すると指摘し、人類文化に対する新たなる罪悪であり、全人類及び文明の名において、米国政府を糾弾するとしている。幣原は当然そのことを知りうる立場にあるから、このような表現をしても不思議ではない。大事なことは、その原爆という悪魔との対抗策を考え抜いたということである。

幣原は次のように言う。

　僕は第九条によって日本民族は依然として神の民族だと思う。何故なら武力は神でなくなったからである。神でないばかりか、原子爆弾という武力は悪魔である。日本人はその悪魔を投げ捨てることによって再び神の民族になるのだ。すなわち日本はこの神の声を世界に宣言するのだ。それが歴史の大道である。

私は日本民族が神の民族だなどと思わないけれど、「神の声を世界に宣言することが歴史の大道だ」という結論には共感する。幣原は、「神の声」という言葉を、原子爆弾という悪魔を投げ捨てるだけではなく、神ではなくなった武力の放棄という意味で使用しているのである。武力で問題を解決しようとすれば、果てしない軍拡競争の結果、「集団自殺の先陣争いと知りつつも、一歩でも前へ出ずにはいられない鼠の大群と似た光景が出現する」と考えたからである。

幣原はそのことを次のように述べている。

　原子爆弾が登場した以上、次の戦争が何を意味するか、各国とも分るから、軍縮交渉は行われるだろう。だが交渉の行われている合間にも各国はその兵器の増強に狂奔するだろう。むしろ軍縮交渉は合法的スパイ活動の場面として利用される程である。不信と猜疑がなくならない限り、それは止むを得ないことであって、連鎖反応は連鎖反応を生み、原子爆弾は世界中に拡がり、終りには大変なことになり、遂には身動きもできないような瀬戸際に追いつめられるだろう。

　それが軍拡競争の果ての姿であろう。要するに軍縮は不可能である。絶望とはこのことであろう。唯もし軍縮を可能にする方法があ

るとすれば一つだけ道がある。それは世界が一斉に一切の軍備を廃止することである。

　幣原はその経歴からして外交の裏の裏まで知っている人である。その彼が、「軍縮は不可能である」といっているのである。その絶望の果てにたどり着いた結論が「世界が一斉に一切の軍備を放棄する」ということである。もちろん幣原はそれが不可能なことは百も承知していた。その時の心境を次のように語っている。

　　一、二、三の掛声もろとも凡ての国が兵器を海に投ずるならば、忽ち軍縮は完成するだろう。勿論不可能である。それが不可能なら不可能なのだ。ここまで考えを進めてきた時に、第九条というものが思い浮かんだのである。そうだ。もし誰かが自発的に武器を捨てるとしたらー。最初それは脳裏をかすめたようなものだった。次の瞬間、直ぐ僕は思い直した。自分は何を考えようとしているのだ。相手はピストルをもっている。その前に裸のからだをさらそうと言う。何と言う馬鹿げたことだ。恐ろしいことだ。自分はどうかしたのではないか。若しこんなことを人前で言ったら、幣原は気が狂ったと言われるだろう。正に狂気の沙汰である。

　幣原はその「狂気」を自覚していたのである。現代の教科書でこの幣原の「狂気」が取り上げられることはない。今こそ、この「狂気」に光が当てられるべきではないだろうか。私はこの「狂気」を共有したいと思う。平和教育の教材とされるべきであろう。

核兵器は戦争を抑制するか
ところで、幣原はこんなことも言っている。

　　恐らく世界にはもう大戦争はあるまい。勿論、戦争の危険は今後むしろ増大すると思われるが、原子爆弾という異常に発達した武器が、戦争そのものを抑制するからである。第二次大戦は人類が全滅を避けて戦うことのできた最後の機会になると僕は思う。如何に各

国がその権利の発展を理想として叫び合ったところで第三次世界大
戦が相互の破滅を意味するならば、いかなる理想主義も人類の生存
には優先しないことを各国とも理解するからである。

　幣原は、核兵器を悪魔とする一方で、「戦争そのものを抑制する」と
言っているのである。第三次世界大戦は相互の破滅を意味するから、いか
なる理想主義も人類の生存には優先しないことを各国が理解するからとい
うのがその理由である。
　この幣原の話は 1951 年である。ソ連の原爆保有と中華人民共和国の建
国は 1949 年である。既に朝鮮戦争は勃発していた。彼は、この時期に
「大戦争はない」と予言していたのである。アメリカで、学者たちが「核
抑止論」を展開するのは、1960 年前後とされているので、幣原がそれを
念頭に置いているとは思われない。けれども、この発言は、あたかも核兵
器が大戦の発生を抑止しているとする「核抑止論者」と同様な主張のよう
に聞こえるのである。

　では、この幣原の発言と「核抑止論者」の主張は同じなのだろうか。
「核兵器が存在するので大戦は起きない」とする部分に着目すれば、同様
の主張だと見えなくもない。けれども、幣原の主張の根拠は、「第三次世
界大戦が相互の破滅を意味するならば、いかなる理想主義も人類の生存に
は優先しないことを各国とも理解するからである」というものである。他
方、核抑止論者の主張は、自国を攻撃すれば核兵器で反撃されて手ひどい
損失を被ることになるから攻撃をやめよという、相手国に恐怖心を与え
て、その行動を制約するという「理論」である。幣原の論立ては「いかな
る理想主義も人類の生存には優先しない」というイデオロギー対立による
大戦の愚かさを説くものであり、「核抑止論」は恐怖に基づく均衡をその
論拠とするものであって、その違いは、抑制と抑止という用語の違いにと
どまらす、本質的である。そのことは、幣原のこのような発言で確認でき
るであろう。

　　世界はここ当分資本主義と共産主義の宿敵の対決を続けるだろう
　が、イデオロギーは絶対的に不動のものではない。それを不動のも

のと考えることが世界を混乱させるのである。未来を約束するものは、絶えず新しい思想に向って創造発展して行く道だけである。

　何れにせよ、ほんとうの敵はロシアでも共産主義でもない。このことはやがてロシア人も気づくだろう。彼らの敵もアメリカでもなく資本主義でもないのである。世界の共通の敵は戦争それ自体である。

　ここには、「恐怖による均衡」などという発想の痕跡すらない。そこが、幣原と抑止論者の違いであることは容易に確認できるところである。けれども、幣原の「核兵器が戦争そのものを抑制する」という議論には賛成できない。なぜなら、核兵器を悪魔としておきながら「大戦を抑制する」効能があるように聴こえるからである。

　核抑止論者は、核兵器という「秩序の兵器」が「長い平和」をもたらしているという。私は、それは子供騙しにもならない論法だと考えている。なぜなら、核戦争が勃発しなかったのは、核戦争に反対する被爆者を先頭とする反核平和運動の存在もあったし、偶然が重なっただけで、核兵器が存在したからとは思わないからである。

　幣原の「核兵器が戦争そのものを抑制する」という議論は、核抑止論者と同様に、核兵器の効能を認めるかのようである。もし、核兵器の効能を認めてしまえば、核兵器廃絶への欲求は減衰することになる。幣原は、一切の戦力の不保持を主張するけれど、核兵器そのものの先行廃止は主張していない。

　もちろん、核兵器も戦力だから、一切の戦力の廃止を求めることは核兵器の廃絶を含むことになる。けれども、一切の戦力の放棄は、ガルトゥングも含めて、多くの人々の不安を解消できないがゆえに、その実現までに時間がかかることになる。そして、それまで核兵器も存在するのであれば「人類の絶滅」の危険性が継続し続けることになる。

　核兵器の廃絶と戦力一切の放棄は別の問題なのである。幣原の議論にはその部分が弱いのである。それは、彼が、一切の戦力のない世界を先取りしたためであろうから、責められる筋合いはない。けれどもその弱点を自覚することは、核兵器廃絶を求めるうえでも、一切の戦力の廃止を求めるうえでも、必要なことだと思うのである。

私は核兵器の廃絶は喫緊の課題であると思っている。自衛のための武器が必要であるかどうかにかかわらず、核兵器の廃絶は必要だし可能だと考えるからである。他国や他人の都合で、突然、理由もなく、日常生活を奪われることには耐えられない。いつ爆発するかわからない休火山の火口で生活することは嫌なのである。

　ところで、核兵器禁止条約は、戦争一般を禁止するものでも、一切の戦力を否定するものでもない。けれども「核兵器のない世界」に近づくことは間違いない。「悪魔退治」が進むからである。私は戦争も一切の戦力もない世界を希求するけれど、核兵器の廃絶を先行することは必要だし、現実的だと考えている。戦争も戦力もない世界を展望する「狂人」が核兵器の先行廃絶に反対する理由はない。その上で、核兵器廃絶の先にある目標を提示することが「世界史の扉を開く狂人」にふさわしい行動のように思うのである。

元帥は簡単に承知されたのですか

　平野のこの質問は重要である。連合国最高司令官マッカーサー元帥の同意がなければ、何事も進まない時代だったからである。幣原がどのような理想を持とうが「元帥の承知」なしでは事態は一歩も進まないのである。９条の発案者は幣原だと私も思っている。けれども、マッカーサーの同意がなければ、日本国憲法９条が誕生しなかったであろう。「押し付け憲法」などとは思わないけれど、占領軍がその成立に大きくかかわっていたことを否定することはできない。平野がこの質問をするのは当然である。

　この質問に対する幣原の答えはこうである。

　　マッカーサーは非常に困った立場にいたが、僕の案は元帥の立場を打開するものであるから、渡りに船というか、話はうまくいった。しかし、第九条の規定には彼も驚いていたようだ。

　　元帥が躊躇した大きな理由は、アメリカの戦略に対する将来の考慮と、共産主義に対する影響の二点であった。それについて僕は言った。日米親善は必ずしも軍事一体化ではない。日本がアメリカの尖兵となることが果たしてアメリカのためなのであろうか。原子爆弾はやがて他国にも波及するだろう。次の戦争は想像に絶する。

世界は亡びるかもしれない。世界が滅びればアメリカも滅びる。問
題はアメリカでも、ロシアでも日本でもない。問題は世界である。

ここで幣原は、1946年1月24日のマッカーサーとの会談の様子を語っ
ているのである。語っているのは1951年2月下旬だから第九条という言
葉で語られているのであろう。「日米親善は必ずしも軍事一体化ではな
い」、「問題は世界だ」と喝破する幣原の言葉は痛快である。自衛隊の幹部
学校や外務省の研修所で徹底して欲しいと思う。

ところで、私がここで注目するのは、幣原が、マッカーサーのためらい
はアメリカの戦後戦略と共産主義に対する影響としていることである。

当時、マッカーサーは、天皇を利用しての占領が効率的と考えてい
た。他方、ソ連などは天皇の処分を求めていた。それがマッカーサーの
「非常に困った立場」である。そこに、幣原が戦争の放棄だけではなく、
一切の戦力も持たないという案を言い出した。それはまさに「渡りに
船」であろう。日本軍国主義の復活がないことの保証と天皇を残すことと
の取引が成立するのであれば、マッカーサーはその思惑を実現できるから
である。もちろん、天皇に対する忠誠心に富む幣原の望むところでもある。

他方、1946年当時、ソ連は核兵器を持っていないし、中華人民共和国
は存在していない。国共内戦で蒋介石が勝利すれば、中国大陸の共産化は
ない。だとすれば、日本軍をアメリカの補完勢力としなければならない理
由はない。日本軍はいらない。沖縄を確保しておけば足りる。このように
考えて、マッカーサーは、対日戦略と共産主義への対応という2点につい
てのためらいを払拭し、幣原の「核の時代における世界の在り方」を受け
入れたのであろう。私はこれを世界史の大きな偶然と受け止めている。

9条の命運

幣原とマッカーサーの傑作である9条は、まだヨチヨチ歩きであった頃
から大きな試練にさらされることになる。1949年、ソ連の原爆保有と中
華人民共和国の成立である。それに加えて、朝鮮戦争の勃発である。マッ
カーサーは国連軍の最高司令官として北朝鮮と中国に対峙することにな
る。彼は、その戦線で原爆の使用を計画する。「30発から50発の原爆を
満州の頚状部に投下すれば、10日以内に勝利できる」、そうすれば「少な

くとも 60 年間は北から朝鮮を侵攻する余地がなくなる」という発想である。「北からの侵攻」阻止とはソ連と樹立されたばかりの中華人民共和国の脅威との対抗を意味している。他方、日本に対して、警察予備隊の発足を指令している。憲法 9 条の骨抜きの始まりである。

幣原と手を取り合って非軍事の日本と世界を実現しようとしていたマッカーサーに何が起きたのであろうか。マッカーサーは「現在生きている人で、私ほど戦争とそれが引き起こす破壊を経験した者はいないだろう。…原子爆弾の完成で、私の戦争を嫌悪する気持ちは当然のことながら最高に高まっていた」と述懐している。その彼が、原爆使用をためらわなかったし、日本軍復活を指示したのである。私は彼の反共意識にその一因があると考えている。

彼は反共主義者を自認していた。その理由は、共産主義者は神を信じないし自由を認めないからというものである。その発想はマッカーサー特有のものではない。当時のアメリカを覆っていた社会的雰囲気である。アメリカとソ連は、イデオロギー対立によって、不倶戴天の敵となっていたのである。

彼は、原爆の威力を知りながら、その中華人民共和国内での使用を本気で考えた。日本国内では日本軍の再建に乗り出した。彼の平和主義はその程度のものだったのである。彼は、「日本がアメリカの尖兵となることが果たしてアメリカのためなのであろうか。…問題はアメリカでも、ロシアでも日本でもない。問題は世界である」という幣原の説得を忘れていたのである。

その彼は、1951 年 4 月 11 日トルーマン大統領によって解任される。幣原は、1951 年 3 月 10 日、人生を終えているので、その一月後であった。

そして、現在

自民党は 1955 年の結党以来、憲法 9 条を目の敵にしている。その理由は、「押し付け憲法」などもいうけれど、非軍事の平和など空想的で無責任だということである。国家の独立と安全なくして国民の生命、自由、財産を守ることはできない。そのためには戦力は必要だし、それだけでは不安なのでアメリカとの同盟を維持・強化しなければならないというのである。この考え方は、世間でも通用している。これと対抗するためには、非

軍事の平和は可能であること、アメリカとの軍事同盟や核兵器への依存は、不要なだけではなく、むしろ危険であることを理解してもらうことが必要である。

　この理解を求めるうえでのヒントがこの「平野文書」での幣原の言葉に埋蔵されているように思うのである。幣原やマッカーサーに対する評価がいろいろあることはそのとおりである。私は、幣原と同時代を生きていた「反戦と自由を求めていた群像」が天皇制政府の下で受けた仕打ちを知っている。マッカーサーのような反共主義の偏狭さと非寛容が人類社会の滅亡をもたらすかもしれないと思っている。

　けれども、彼らの言動の中に、私たちが継承するに値するものがあれば、それは吸収しようとも思う。核兵器も戦争もない世界の実現のためには、柔軟かつ大胆な思考と行動が求められていると思うからである。

　その点、「安全保障法制の廃止と立憲主義の回復を求める市民連合」が、9条の改定や自衛隊の海外派遣に反対し、核兵器禁止条約の即時批准を野党（維新を除く）に提案していることに注目したい。そこに「狂人の叫び」の現代風バージョンを見て取るからである。

　また、共産党を含む政権構想が検討されていることにも刮目している。この国にも根強く存在する反共意識を乗り越えて、何らかの形で共産党が政権にかかわることは、「核兵器も戦争もない世界」に向けての大きなステップとなるからである。

　私たちの「素晴らしい狂気」を現実とするためには、核兵器を含む軍事力に依存する「安全保障政策」の危険性を指摘するだけではなく、軍事力に依存しない「安全保障政策」の提示も求められることになる。それが、日本国憲法の地球平和憲章化である。

■　コラム
マッカーサーの原爆使用計画と反共主義

朝鮮戦争での原爆使用の危機
　米国の軍人マッカーサーは、朝鮮戦争（1950年から1953年。ただし、現

在も休戦状態）での核兵器使用を考えていた。「30 発から 50 発の原爆を満州の頸状部に投下すれば、10 日以内に勝利できる」、そうすれば「少なくとも 60 年間は北から朝鮮を侵攻する余地がなくなる」という発想である[1]。広島と長崎への原爆投下の最終決定者であった当時の米国大統領トルーマンは、「アメリカの所有するいかなる兵器も使われうる」と核兵器使用をほのめかしていた（1950 年 11 月 30 日）。トルーマンとマッカーサーの思惑は重なっていたのである。けれども、翌年 4 月、トルーマンはマッカーサーを解任している。米国の核廃絶運動指導者ジョセフ・ガーソンは、その解任理由について「マッカーサーが無鉄砲に核兵器の使用を望んだからではなく、それが確実に使われるとの確信をトルーマンにもたせたからだ」としている[2]。沖縄・嘉手納に核兵器を集結させていたトルーマンが、その使用をためらったのは、当時の英仏首脳が、もし朝鮮半島で原爆が使用されれば、ソ連が西側に原爆を使用する可能性があるとの危惧を表明したからだといわれている[3]。結局、マッカーサーは解任され、核兵器の応酬はなかつた。

マッカーサーはなぜ使用しようとしたのか

　マッカーサーは、「現在生きている人で、私ほど戦争とそれが引き起こす破壊を経験した者はいないだろう。…原子爆弾の完成で、私の戦争を嫌悪する気持ちは当然のことながら最高に高まっていた」と述懐している[4]。その彼も「北からの侵攻」阻止のために核兵器の大量使用を考えていたのである。「北からの侵攻」阻止とはソ連と樹立されたばかりの中華人民共和国の脅威との対抗を意味している。

　マッカーサーは反共主義者であることを自認していた。その理由は、共産主義は独裁であり無神論だということにあった。マッカーサーのその信条は、当時も今も、米国社会を覆っている「アカに支配されるくらいなら死んだほうがましだ」という心象風景と共通している。当時、この風潮は、思想・良心の自由など全く無視する「マッカーシズム」といわれる反共産主義の嵐をもたらしていた。そういう時代背景のもとで、原子爆弾の威力を知り、戦争を嫌悪していたはずのマッカーサーも、朝鮮半島での核兵器使用を画策していたのである。

反共主義者の共産主義理解

　私は、共産主義を好きか嫌いかは各人が決めればいいと思っている。ただ、人間の大量虐殺を禁止しない神様は怪しい神様だと思う。そして、反共主義者が、共産主義が嫌いだという理由で核兵器使用をためらわない感性には吐き気を覚える。他方、共産主義者の暴力にも反対であるし、いわんや核兵器使用など論外である。核兵器が使用されれば、その対立する陣営だけではなく、人類社会の破滅をもたらすからである。核兵器禁止条約は「壊滅的人道上の結末」という言葉で表現している。核兵器は、革命や社会進歩のためであれ、またそれを阻止するためであれ、使用してはならないのである。もし使用されれば、勝者は存在しえず、累々たる墓碑銘が残るだけだし、最悪の場合、墓碑銘を刻む人もいなくなるからである。共産主義に賛成か反対かで、核兵器の応酬などしてはならないと心の底から叫びたい。けれども、共産主義理解は決して簡単ではないようである。

ガルトゥングの姿勢

　「平和学の父」といわれるヨハン・ガルトゥングは「共産主義を好まない」としている。

　けれども、その彼は、1970 年、教育調査団の一員として日本を訪問した時、文部省（当時）の担当者が日本教職員組合と日本共産党には会わないでくれとしていたにもかかわらず、共産党幹部と面会している。その時の感想は「彼らは博識で教養があり、しっかり私の質問に答えてくれた。彼らの話の中に、共産主義を思わせるものは何もなかった。私が『共産党』という名前に疑問を呈したのはその時であった」というものである。そして、共産党は理にかなった主張をしているのに、日本人全体の声を代弁する勢力になっていないのは「共産党」という名前のせいだとしてその変更を進言したそうである[5]。

　一方、彼は、誰かが「私たちは広島に原爆を落とさなくてはならない。それは神が私たちに与えた使命だ」と主張すれば、ほとんどの人がその正気を疑うだろう。しかし、その主張が無害な表現に形を変えたら、同じ考えを持つ人々が増え、一気に間違った方向に動き始める危険を秘めている、と警告している。彼は、核兵器使用にも、それを煽り立てる狂気にも反対なのである。「反共主義も好まない」としている彼は、無知で無謀

な反共主義者とは明らかに違うのである。

二つのエピソード

ここで二つのエピソードを紹介する[6]。

一つは、自民党のブレーンを30年間勤めていた憲法学者の小林節さんが、「ぼくは善意から『日本共産党の名前を変えたほうがいい』と言いました。しかし、党大会の文書を読んで、『共産主義はこれからの日本の希望だ』と思うようになりました」と言っていることである。もう一つは、1970年代から文部省に勤務していた寺脇研さんが少し後輩の前川喜平さんと「私は、教職員組合の人としょっちゅう酒を飲んでいたので、自民党のタカ派から『あいつは共産党だ』と言われていましたよ」、「あの人たちは自分に反対するものはみんな『共産党』と言うんですよ」と対談していることである。

共産主義や共産党は知性ある人々の間でも様々な理解がなされているようである。

むすび

私は、共産主義とは①人間は自己保存的行動だけではなく、自由な選択に基づく発展が可能である。②その発展を阻む社会を変革し、人間の可能性を全面開花できる社会の実現は可能である。③そのためには、生産手段を資本家の私的所有から社会による掌握へと転換する必要がある。④それは必然の国から自由の国への人類の飛躍である、という思想であり運動であると理解している。そして、その未来社会では、すべての人々が恐怖と欠乏から免れ平和のうちに生活する物質的・社会的条件を保障され、各人はそれぞれの「自分探し」をしているであろう。

他方、そんなことはさせない、そんなことは無理だ、としている勢力は決して小さくない。自分のすべてが奪われるかのようにこの思想を恐れる「勝ち組」やそれを忖度する「太鼓持ち」や「茶坊主」はいつの時代にも存在している。そして、日々の労働に追われて考える時間を奪われている人々もまだまだ多いのである。

そんな時代にあって、断言できることは、共産主義者であれ、反共主義者であれ、他人の思想が気に入らないからといって、核兵器使用などは絶

対にしてはならないということである。それは、すべての人間の生存条件を奪うことになるからである。(2020 年 3 月 1 日記)

1　ジョセフ・ガーソン著・原水爆禁止日本協議会（日本原水協）訳『帝国と核兵器』
2　同上
3　水本和実「被爆地の訴えは核軍縮を促進したか」『平和をめぐる 14 の論点』所収
4　ダグラス・マッカーサー著・津島一夫訳『マッカーサー大戦回顧録』
5　ヨハン・ガルトゥング著・御立英史訳『日本人のための平和論』
6　しんぶん赤旗日曜版 2020 年 3 月 1 日

コラム

ヨハン・ガルトゥングの『日本人のための平和論』

「平和学の父」といわれるヨハン・ガルトゥングが『日本人のための平和論』を書いている（2017 年・ダイヤモンド社・御立英史訳）。1930 年、ノルウェー生まれの彼は、1968 年をはじめとして何回も日本を訪れている。私も、2016 年、横浜で氏の講演を聞く機会があった。印象に残っているのは、アメリカは、第 2 次世界大戦以後、37 ヵ国で、2000 万人以上を殺害したという話である。ベトナム、アフガニスタン、イラク、スーダン、ソマリア、シリア…などを累計していけばそうなるのであろう。

ガルトゥング氏の問題意識

氏は、日本が抱える難問として、米軍基地をめぐる政府と沖縄の対立、尖閣諸島を挟んでの中国とのにらみ合い、韓国との竹島、ロシアとの北方 4 島、北朝鮮とのミサイル、「慰安婦」や「南京事件」など歴史認識をめぐる対立などを挙げている。そのうえで、もっとも強調していることは、「集団的自衛権」行使容認は、日本を後戻りできない地点へ運んでしまったということである。特に、安倍首相の手法については次のように怒りをあらわにしている。

安倍晋三首相は当初、その米軍追従政策を「積極的平和主義」というネーミングで推進しようとしていた。「積極的平和」というのは、私が

1958年から使い始めた用語である。平和には消極的平和（negative peace）と積極的平和（positive peace）がある。国家や国民の間に、ただ暴力や戦争がないだけの状態を消極的平和、信頼と協調の関係がある状態を積極的平和という。消極的平和を積極的平和と言い換えるだけなら単なる無知だが、こうまであからさまな対米追従の姿勢を積極的平和というのは悪意ある言い換え、許しがたい印象操作である。

　氏は、単に自身の用語を悪意で言い換えられたということだけではなく、日本政府のあからさまな対米追従を指摘しているのである。氏は、米国には、米国は神に選ばれた善なる存在であり、米国に歯向かうものは悪とみなすという「深層文化」があり、その悪を先手を打って排除しようとする国だとしている。そして、そのような身勝手な論理で、世界を混乱させ、テロの恐怖を拡散させた張本人であり、覇権主義の行使として、経済的利益の追求のため軍事介入を行う国であると考えている。そのような米国に追従することは、日本を苦しめる根本原因になるとしているのである。
　私も、安倍首相のいう「積極的平和主義」には強い違和感を覚えていた一人だけれど、ご本人がここまで言うのだから私の直感は間違いなかったことになる。ただし、安倍首相がガルトゥング「平和学」を勉強するとは思われないので、外務官僚の指示のままに米軍と一緒に武力行使することを「積極的平和主義」といったのであろう。いずれにしても、米国追従を積極的平和という用語で正当化しようとすることは質の悪い印象操作であろう。
　私は、氏の米国観に異存はないし、日本政府の「集団的自衛権」行使容認は憲法違反の蛮行であると考えている。この点での氏の主張に共感するものである。

氏の４つの提案
　氏は、日本が抱える諸問題の背景には米国の世界戦略と日本の対米追従にあるとして、その解決のための４つの提案をしている。
　①領土の共同所有　日本とアジア大陸の間にある諸島の領有権を相手国と共有することにより、疑心暗鬼や一触即発の緊張状態を解消し、戦争という愚かな選択を避ける。

②東北アジア共同体　日本、二つのチャイナ、二つのコリア、モンゴル、極東ロシアの7つの国と地域からなる共同体をつくる。
③専守防衛　他国の領土を攻撃する能力がなく、軍拡競争を刺激しない武器を保有して、日本の国境線を守る。
④対米従属からの決別　日本は1945年8月15日以来、今も米国に占領され続けている。占領は日本の奥深くまで浸透し、植民地レベルに達している。この状態から脱しない限り、日本は独自の方法で東アジアの平和に貢献することができない。

このうち専守防衛については次のように説明されている。

武装解除（軍縮）が理想だが、防衛のために一定の武器保有は必要である。武力の行使には、専守防衛、攻撃的防衛、防衛的攻撃、攻撃的攻撃があるが、前三者が自衛である。専守防衛とは、①国境防衛すなわち海岸線防衛、②自衛隊による領土内防衛、③非暴力的抵抗行動による非軍事的防衛である。

専守防衛のための武力として、長距離兵器は保有せず、短距離兵器のみを保有する。短距離兵器とは陸上ではジープ、海上では魚雷艇、空ではヘリコプターと精密誘導ミサイルなどである。

氏は、専守防衛という武力の行使と、そのための武力を保有することは否定していないのである。その理由はこうである。

武力の保有を否定すべきという気持ちには敬意を表するが、残念ながら世界は善意だけでは成り立っていない。まったくの丸腰で国を守ろうというのは非現実的である。紛争の根底にある対立が解決されなければ、人間は包丁や金槌を使ってでも戦いを始めるだろう。あるいは再軍備に走るだろう。

私は、氏のこれらの提案のうち、領土の共有については留保し、東アジア共同体の形成と対米従属の解消には賛成し、武力を用いての専守防衛には反対である。武力行使の容認と武力の保有は、結局、最終兵器である核兵器に傾斜するであろうし、不幸にして占領されたら、氏がいうように非暴力的抵抗運動という手段が残されているからである。そして、紛争の根底にある対立の解消のためには、対立の法的解決を工夫したほうが生産的

だと考えている。例えば、国際司法裁判所の強制的管轄権を規定するなどの方法である。

氏も武装解除は理想だとしているし、国際紛争の調停者としての実績があるのだから、有効性が疑わしい武力の保有など提案してほしくない、と思えてならない。

正義の武力行使（武力介入）の容認

更に氏は武力行使が例外的に許容される場合を想定している。

武力介入が正当化される要件は次のとおりである。

①直接的または構造的暴力による苦しみが耐え難いレベルに達していること

②考えうる平和的手段はすべて試したが効果がなく、外交交渉も役に立たないこと

③暴力の行使が必要最低限に抑えられること

④勝利や英雄的行為の追求ではなく、正しい動機に基づく行動であるか、慎重な自己吟味が行われること

⑤平和的で非暴力的手段の模索が並行して続けられること

氏は、この最後の手段としての力の行使を敗血症に侵された足の切断のたとえ話で説明している（氏は、健康と戦争を並べて論ずることがある）。私は、この発想にも同意できない。そもそも、個人の苦痛をどう救済するかという問題と国家による武力行使とは別に論じられるべきだからである（国家権力の問題を捨象してはならない）。また、その判断権者を誰にするかという難問に逢着する。そして、正義の実現のためであれ、武力の行使を認めることは、戦争をいつまでたっても廃止できないことにつながるからである。

私は、自衛のためであれ、正義の実現のためであれ、武力を用いることには反対である。

氏の日本国憲法９条についての意見

氏の９条観は次のとおりである。

憲法９条は米国が日本を罰するために使った道具だという主張があ

る。将来日本が米国を攻撃できないようにである。私もそう考える一人である。当時の日本は米国がサインせよと要求するものを断れる状況になかった。9条は反戦憲法であっても平和憲法ではない。9条があるために、日本では現状を変えるための平和政策が生まれてこなかった。9条のおかげで国家間の対立や戦争のことで頭を悩ませる必要がなかった。9条は崇高な理念を謳っているが、それゆえに躓きの石となり、安眠枕になっている。私は、新しい憲法9条の制定に賛同する。私は、新9条が、これまで通りの反戦憲法にとどまらず、積極的平和の構築を明確に打ち出す真の平和憲法であってほしい。平和とは何かを明記し、公平と共感の精神を高く掲げるものであってほしい。

　私は、氏のこの9条観に同意することはできない。その理由は、日本国憲法9条の成立時、戦勝国による大日本帝国の武装解除というにとどまらず、「核の時代」における平和の在り方が問われていたからである。核兵器が存在する時代において武力による紛争解決を止めないならば、戦争が文明を滅ぼすことになるという問題意識である。その問題意識は、当時の被占領国日本の指導層や民衆の共感を得ていたのである。その共感は、新たに選挙権を得た女性の代表者も含む制憲議会において丁寧な議論が行われていたことやその後の政府や民衆の動きに見て取れるのである。それらの事情も軽視してはならない。
　日本国憲法9条は、戦争や武力の行使だけではなく、戦力や交戦権も放棄している。他国との信頼や協調を形成するうえで、これ以上の提案はない。積極的平和形成の最善の規範といえよう。加えて、丸腰の国家も26ヵ国ほど存在している。氏の議論にはこれらの視点が欠落している。私は氏の「新9条論」はいたずらに混乱をもたらす有害な議論だと考える。

おわりに
　氏は、自分の考えが常に正しいとは思わないし、それを受け入れるよう求めもしない。平和のために活動している限り、私の考えと違っても互いに同志だと思いあえる関係でありたい。しかし、平和のために核兵器が必要だといい、それを「積極的平和」という人が現れたら、私はその間違いを正さなければならない、としている。私も、自分の主張がいつも正しい

とは思っていないし、氏の9条論と同工異曲の論者がいることも承知している。けれども、私は、核兵器が発明され、それが使用され、またいつ使用されるか不透明な「核の時代」において、例外的であれ、武力の行使を容認し、武器を持ち続けようとすることは、人類の破滅を導く恐れがあると考えている。だから、氏の提案には反対である。

　ただし、私は、氏は私の同志というよりも師の一人と思っている。私は、氏の「種をまかなければ何も芽生えてこない。厳しい時代だからこそ、悲観することなく積極的に行動しなくてはならない」という言葉を共有する。(2020年2月22日記)

■ コラム　なぜ、米国は偉そうに振舞えるのか

　なぜ、米国は何かにつけ偉そうに振舞えるのかを考えてみた。二つのことが念頭にあるからである。ひとつは、2017年7月7日、核兵器禁止条約が採択された時の米国大使の振る舞いである。もうひとつは、近頃の中国に対する態度である。

　禁止条約が採択された時、ニッキー・ヘイリー米国大使はこんなことを言っていた。

　「自分の家族のために、核兵器のない世界を何よりも強く求めたい。けれども現実的でなくてはならない。北朝鮮が核兵器禁止に賛成するなど、信じている人はいますか？」、「今のこの時代状況で、悪いアクターに持たせて、良い私たちに持たせない？　それで国民を守れるとはいえない」。

　彼女は、核兵器をなくしたいとしながら、国民を守るために自分は持ち続け、北朝鮮には持たせないとしているのである。私にはこの論理が理解できないのである。なくしたいなら捨てればいいだろうし、自分だけ持って人に持たせないのは不公平だからである。そこには二重の不合理がある。にもかかわらず、彼女は正しいと信じて振舞っているのである。「俺

は持つお前は捨てろ核兵器」ということを平然と言っているのである。なぜ、そのように身勝手に振舞えるのか、私は不思議なのである。

　もう一つは、3月16日の日米安全保障協議会（2プラス2）の発表文である。この中で、日米両国は「中国による既存の国際秩序と合致しない行動は、日米同盟及び国際社会に対する政治的、経済的、軍事的及び技術的な課題を提起している」、「香港及び新疆ウイグル自治区の人権状況について深刻な懸念を共有する」、「日米同盟の強さは、共通の価値に基づくものであり、志を同じくする民主主義国との緊密なパートナーシップにより一層強化される」などとしている。中国は国際秩序を乱している、人権を軽視している、非民主的だとしているのである。何でそんなふうに偉そうに言えるのだろうか、私は不思議なのである。そもそも、気に入らない外国に難癖をつけ、謀略をめぐらし、武力を用いて政権を転覆してきたのは米国だし（ベトナムのような失敗例もあるけれど）、白人警官は罪もない黒人を殺害するし、選挙で落選した大統領が議会への乱入を煽り立て、本当に乱入する犯罪者がいる国が、中国にとやかく注文できるのかと思うからである。中国の国内外での振る舞いに問題はあるけれど、「なんであんたが言えるのよ」、「目くそ鼻くそを笑う」の類じゃないかと思うのである。その尻馬に乗る日本政府もどうかと思うけれど、私には、その米国の鉄面皮さが理解できないのである。

自分たちは常に正しいと思う特徴

　この二つの振る舞いに共通しているのは、米国は常に正しいと信じていることである。「核兵器のない世界」は求めるけれど核兵器を手放そうとしないことや自分は持つけれど北朝鮮には持たせないとする矛盾などは無視されているし、自分の振る舞いなど忘れて、他人のことは言い立てることに恥じらいがないのである。（日本政府はその矛盾を指摘しようともしない。似た者同士だからであろう。）

　加えて、米国は核兵器信仰が根強い国である。ヘイリー大使は、核兵器は国民を守るために必要だとしているし、共同発表も、米国は「核を含むあらゆる種類の米国の能力」を日本防衛のために提供するとしている。核兵器という究極の暴力を守護神としているのである。

　要するに、米国は、自説の矛盾などは無視して、ひたすら自国は正しい

と信じて振舞っているのである。そして、その正しさを他国に強制するのが核兵器という絶対的な力なのである。（日本政府は、核兵器先制不使用に反対するということでは、米国以上の核兵器依存国である。）

この米国の態度が生まれる背景

　この自分たちは常に正しいと思い込める能力と核兵器という最終兵器を守護神とする発想がどのようにして形成されてきたかを理解できないと米国とは付き合えないかもしれない。相手の思考方法を理解できないとすれ違いが生じてしまうからである。もちろん、そんなことを私が理解できているわけではない。そこで、ヒントとなりそうな言説を紹介する。

ヨハン・ガルトゥング（『日本人のための平和論』）の説明

　平和学の泰斗である彼は、米国は好戦的国家だという。米国は、初めて他国（リビア）に軍事介入した1801年から今日までに248件の軍事介入を行い、第2次世界大戦以降、37ヵ国で2千万人以上を殺害しているという。この数字を詳しく説明していないけれど、ベトナム、アフガニスタン、イラク、スーダン、ソマリア、シリアなどへの攻撃を例示している。もちろん、これらの国の人たちが米国を攻撃しようなど考えたことはない。米国が出かけて行って殺害しているのである。それは今でも続いている。

　彼は、その好戦性の原因には「隠された筋書き」ともいえる「深層文化」があるという。それは、二元論、マニケイズム、ハルマゲドンだという。二元論とは全てのものは二つのものから成り立つという考え方。マニケイズムというのは一方が善なら他方は悪という考え方。ハルマゲドンとは善と悪が最後の戦いを行う戦場のことである。ハルマゲドン的世界観では悪と取引してはならないことになり、交渉や議論や対話は無駄なこととされ、「最後の戦い」に勝つことだけが求められるという。そして、メイフラワー号以来の「私たちは新しく選ばれた民である」という選民思想に基づく米国例外主義といわれる文化があるという。これらが、米国の意思決定の背後にある「隠された筋書き」ということのようである。

　自分たちを神に選ばれた存在と考え、正邪の二元しかなければ、自分たちが善であり他方は悪となる。そして、神に選ばれたものとして、その正

邪の決着をつけるための力を振るうことなる。何とも単純で乱暴な思考方法と行動様式のようである。

まとめ

　私には、ガルトゥングの説が正しいかどうかを判断する能力はない。けれども、冒頭に紹介した私の疑問に対する説明としては、それなりの説得力があると受け止めている。ヘイリー大使の発言には、正しい米国は核兵器を持つことが許されるが、悪である北朝鮮に持たせることはできないという選民思想が明瞭に読み取れるからである。

　また、かつてのソ連との冷戦下において、米国は敗北よりも相互破壊を、更には人類社会の滅亡を選択していた。その背景にこのような「深層文化」があると説明されれば、それなりに合点がいくようにも思うからである。

　現在の対中政策にも、ガルトゥングが指摘する傾向がある。先の共同発表にも、自国は正義だとの傲慢さが満ちあふれている。

　今後、中国との間で、新たな「冷戦」が発生し「熱戦」への転化を恐れなければならない事態になるかどうかは、何とも予想できないところではある。米中の関係は、単に敵対的というだけではなく、相互依存が存在しているし、地球環境の悪化や新型ウィルスとのたたかいなど両者の協力が必要な問題が山積しているからである。

　米国の意思決定に作用する「深層文化」はすぐに消え去ることはないだろうけれど、せめて、核兵器を使用することと、自分だけが常に正しいという思い込みで、私たちを巻き込むことだけはやめて欲しいと思う。

　（2021年3月21日記）

あとがきにかえて―台湾海峡での核使用を危惧する

　菅首相とバイデン大統領との間の４月16日の日米首脳声明に次のような一文がある。

　日米両国は、台湾海峡の平和と安定の重要性を強調するとともに、両岸問題の平和的解決を促す。

　私は、この文言に危機感を覚えている。その理由は、一つには、このタイミングで台湾問題が明記されたからであり、二つには、台湾海峡での核兵器の使用が危惧されるからである。

　台湾海峡の平和と安定が重要であることはもちろんであるし、中国と台湾の間の紛争が平和的に解決されることが望ましいこともいうまでもない。だから、この文言は当然のことを確認しただけであるという見解もありうるし、むしろ共同声明はそのような受け止め方を狙っているのであろう。また、核兵器の使用などありえないという見解もあるだろう。核兵器は「戦闘の道具」ではなく「秩序の道具」だという考え方からすれば、私のような想定は「ためにする議論」とされるであろう。

　けれども、私は、この共同声明は、台湾海峡で中台の武力衝突があれば、日米は台湾側に立って戦うぞという宣言であるし、その場合には、米国の核戦力と自衛隊を動員するぞという決意表明だと受け止めているのである。

　そのことは、とりもなおさず、沖縄はもとより、日本全体が中台の戦闘から派生する軍事衝突に巻き込まれることを意味しているし、最悪の場合には、核兵器の使用が想定されるのである。

共同声明の中国観

　共同声明は、2021年３月の日米安全保障協議委員会の共同発表を全面的に支持するとしている。その共同発表文は、日米は、中国による、既存の国際秩序と合致しない行動は、日米同盟及び国際社会に対する政治的、経済的、軍事的及び技術的な課題を提起していることを認識したとしている。

　共同声明は、中国は国際社会の秩序を乱し、日米同盟と国際社会に政治

的課題にとどまらず軍事的課題も突き付けているとしているのである。日米同盟と国際社会が同一であるかのように位置付けられ、中国を「国際社会の無法者」であるかのように名指ししているのである。

このように中国を名指しする文言は、日米印豪（クワッド）の共同声明にも米韓の2プラス2の共同発表にも見当たらない。日米両国は、他の諸国に比べて、中国敵視を明確にしているのである。台湾海峡の平和と安定とか両岸関係の平和的解決などとはいうけれど、中国敵視が前提なのである。そのことをまず確認しておきたい。

米台関係と日台関係

ところで、台湾問題が日米共同声明に書き込まれたのは52年ぶりである。1969年、佐藤栄作首相（当時）とリチャード・ニクソン大統領（当時）の声明には次のような文言がある。大統領は、米国の中華民国に対する条約上の義務に言及し、米国はこれを遵守するものであると述べた。総理大臣は、台湾地域における平和と安全の維持も日本の安全にとつてきわめて重要な要素であると述べた。

当時、米国が中華民国に対して負っていた条約上の義務は、1979年の米国の台湾関係法に継承されている。同法は、平和的手段以外によって台湾の将来を決定しようとする試みは、ボイコット、封鎖を含むいかなるものであれ、西太平洋地域の平和と安全に対する脅威であり、合衆国の重大関心事と考える。台湾人民の安全または社会、経済の制度に危害を与えるいかなる武力行使または他の強制的な方式にも対抗しうる合衆国の能力を維持するとしている。

米国は、台湾に対する武力行使に対抗しうる能力を維持することを米国内法上の義務としているのである。日本にはこのような台湾関係法はない。日本にとって、台湾海峡の平和と安全は重大な関心事ではあるが、台湾に対する武力行使に対して関与しなければならない法的な義務はないのである。台湾との関係で、もともと、日米にはこのような違いがあったことを確認しておきたい。

共同声明による転換

けれども、今回、その違いは無視されたようである。共同声明は次のよ

うにいう。

　日米同盟は揺るぎないものであり、日米両国は、地域の課題に対処する備えがかつてなくできている。日米両国は、主権及び領土一体性を尊重するとともに、平和的な紛争解決及び威圧への反対にコミットしている。菅総理とバイデン大統領は、日米同盟を一層強化する。

　日本は同盟及び地域の安全保障を一層強化するために自らの防衛力を強化することを決意した。米国は、核を含むあらゆる種類の米国の能力を用いた日米安全保障条約の下での日本の防衛に対する揺るぎない支持を改めて表明した。

　要するに、日米両国は、この地域における威圧に対処する備えがかつてなくできている。日米同盟は揺るぎないものであるが、日本は同盟と地域の安全保障を一層強化するために、防衛力を強化する。米国は、核を含む米国のあらゆる能力を日本防衛のために用いるというのである。これは、中国の地域における威圧に対して、日本は軍事力を強化する、米国は「核の傘」を提供すると宣言しているのである。こういう文脈の中で台湾問題が語られているのである。台湾問題は、日米同盟で対処されるべき問題の一つとされていることを忘れてはならない。

「安保法制」と台湾危機

　中国が台湾に武力行使をすれば、米国は台湾を支援する行動を起こすことになる。そのような事態は「我が国の平和及び安全に重要な影響を与える事態」（重要影響事態）とされるであろう。そして、米国軍隊に対する後方支援活動などの日米安保条約の効果的な運用が図られることになる（重要影響事態安全確保法）。

　そうなれば、中国は日本を交戦国として位置づけ日本に対する武力攻撃を準備するであろう。また、武力攻撃事態が発生する前に、政府は「我が国と密接な関係にある他国に対する武力攻撃が発生し、これにより我が国の存立が脅かされ、国民の生命、自由及び幸福追求の権利が根底から覆される事態」（存立危機事態）を認定し、自衛隊に防衛出動が発令されることも想定される（武力攻撃事態法）。

　「安保法制」下の日本においては、台湾防衛の義務はないにもかかわら

ず、日米同盟の一層の強化の大義名分の下で、台湾海峡における米中対立に組み込まれ、中国との武力衝突に直面することになるのである。

「台湾有事」における「安保法制」の適用についての検討はすでに行われている。

中国の台湾観

中国は、台湾は自国の領土だとしている。台湾をどう統治するかは内政問題だというのである。それは中国にとっては譲れない一線なのである。だから、中国は、日米共同声明には強く反発することになる。例えば、台湾や香港、東シナ海などの問題に懸念を示したことは中国の根本利益に関わる問題で「干渉することは許されない」としている。また、1972年の日中国交正常化以降初めて盛り込まれた台湾については、「核心的利益」の中でも特に重視している部分であり「必要な反応をとる」と対抗措置を示唆している。

要するに、中国は、今回の日米共同声明は、自分たちにケンカを売っていると受け止めているのである。菅首相がどこまで自分の頭で考えたのかは知らないけれど、米中の対立が厳しさを増す中で米国との一体を誓う声明は「百害あって一利なし」であろう。なぜなら、台湾海峡での中台の軍事衝突は、過去に、核兵器使用の危機まで進んだことがあるからである。

台湾危機での核危機

「ペンタゴンペーパーズ」の内部告発者ダニエル・エルズバーグ氏は、核戦争計画者の告白『世界滅亡マシン』の中で書いている。1954から55年、1958年。どちらの危機でも、攻撃を退け、沖合の島々、金門島、馬祖島へのアクセスを維持するために、大統領が米国の核兵器使用を検討する機会があった。1958年初頭。マクドール巡航ミサイル用核弾頭が台湾と韓国の烏山の両方に到着していた。

国際問題研究者の新原昭治氏は米国の外交文書を読み解いた『密約の戦後史』で次のようにいう。1954年から55年、1958年に起きた二度にわたる台湾海峡紛争で米軍は核兵器使用計画を立てた。その際、日本は核戦争基地として位置付けられた。

どのような計画かというと、中国が台湾へ上陸してきた場合、その上陸

作戦が長引けば核を使用する必要があるだろう。金門島などへの大規模砲撃が続き、台湾側の士気が低下した場合、本土側の砲撃陣地への核攻撃で対応するだろう。大規模な中国軍の空爆が続く場合には、確実に核兵器を使わなければならないだろう。最初の攻撃は中国本土の飛行場に一個ずつの核爆弾を投下するというものであったという。

そして、台湾海峡に動員される米軍の核戦力は、沖縄を含む日本に駐留する米空軍戦術航空部隊が中心だったという。そして、一部の部隊は台湾に移動したけれど、日本の基地で出撃命令を待つ部隊もあったようである。

中国は核兵器国である

これらの危機は核兵器が使用されることなく収まることになったが、再びこのような事態になった場合、核兵器が使用されない保証はない。なぜなら、当時、中国は核兵器を保有していなかったけれど、現在は保有しているからである。長崎大学核兵器廃絶研究センターによればその保有数は320発とされている。それらは作戦配備されていないようだし、ロシアの6370発、米国の5800発に比べれば桁違いに少ないけれど、核保有をしていることは間違いない。自国に対する核攻撃のあるなしにかかわらず、核兵器を使用することは可能なのである。もちろん、日本に対してもありうるのである。

中国の核政策

中国は、1964年の核実験以来、無条件の「先行不使用」政策を掲げてきた。要するに、核兵器を先行して使用することはしないという政策提案である。すべての核兵器国がその政策を採用すれば、核兵器の意図的な使用は大幅に軽減されるので反対する理由はない。その「先行不使用」政策は、単に、中国の核戦力の劣勢を考慮しての戦術的オプションだなどという批判はあったけれど、中国はそのような主張はしていたのである。

けれども、中国は「先行不使用」は、主権国家のみに適用される原則で台湾には適用されないとしているという。「台北を守るために、ロスアンゼルスを犠牲にできるか」と米国を威嚇したこともあるようである（神保謙『中国―「最小抑止」から「確証報復」への転換』）。そして、中国も他の核兵器国と同様に核兵器禁止条約を敵視しているのである。中国の核兵器

使用を制約する条約国際法は存在していなないし、中国が自制する保証もない。

　私は、中国政府の海外政策や国内統治の在り方に強い批判を持っている。けれども、そのことを理由として、軍事的な対応を強化することや中国敵視政策を展開することにも反対である。それは、双方の人民にとって不幸をもたらすだけだからである。

　今回の日米共同声明は、日米同盟が国際社会の全てあるかのような立場に立ち、核兵器を含む軍事力で自国に都合のいい秩序維持に臨もうとする極めて危険な動向である。米中の軍事的対立に、それがあたかも日本の「存立」にかかわることであるかのように係わりを持つことは、日本に対する中国の核攻撃を誘発するかもしれない危険性を内包していることを忘れてはならない。

　米中の武力衝突によって、米軍基地がある日本が攻撃対象とされることは火を見るより明らかである。しかも、核兵器の使用は意図的でなくとも、事故や誤報や誤算でも起こりうるのである。核兵器禁止条約は、その危険性も指摘していることを想起して欲しい。

　中国の振る舞いに問題があるというのであれば、何が問題であるのかを明示し、その解消を正面から中国に求めるべきである。その際には、自らの姿も振り返る必要が求められるであろう。他国の政権を軍事力で打倒していることや植民地支配や侵略、そして自国の人権状況も自省することになるであろう。

　武力衝突は絶対に避けなければならない事態である。私たちは、日米共同声明の底なしの危険性を認識することから始めなければならない。

　現在、私たちは、台湾海峡をめぐり、核兵器の使用を含む米中の対立の渦中にいることを自覚しなければならない。核兵器廃絶と憲法9条の普遍化を急がなければ、朝鮮半島だけではなく、台湾海峡での武力衝突の当事者となってしまう可能性が高まっているのである。

　核兵器禁止条約に背を向ける勢力と9条改悪をもくろむ勢力は重なり合っている。武力での問題解決を容認し、核兵器使用の凄惨な結末に無頓着な連中である。

　私たちは、それらの勢力と正面から対峙しなければならない。彼らを侮ってはいけないけれど、恐れる必要はない。彼らこそ、私たちを恐れて

いるのである。

　この本が少しでも、そのたたかいの糧となることを祈ってやまない。

　最後に、日常的に私の生活と仕事と活動を支えてくれている妻惠子や長女史恵、事務所のメンバーである村山志穂弁護士、井上八香さん、逸見由紀さん、日本反核法律家協会の事務局の田中恭子さんに感謝の念を伝えたい。この人たちの支えがあるからこそ、この本は完成しているのである。

大久保賢一（おおくぼ・けんいち）

［略歴］
1947 年　長野市に生まれる
1965 年　東北大学入学
1971 年　法務省入省
1979 年　弁護士登録（埼玉弁護士会所属）
［現職］
日本弁護士連合会憲法問題対策本部核兵器廃絶ＰＴ座長、日本反核法律家協会会長、自由法曹団原発問題委員会委員長、ＮＰＯ法人ノーモア・ヒバクシャ記憶遺産を継承する会理事、核兵器廃絶日本ＮＧＯ連絡会共同代表、非核の政府を求める会常任世話人など
［著書］
『憲法ルネサンス』（イクオリティ）『体験 日本国憲法』『日本国憲法からの手紙』『護憲論入門』（以上、学習の友社）『「核の時代」と憲法９条』（日本評論社）など

「核兵器も戦争もない世界」を創る提案
—「核の時代」を生きるあなたへ—

___

発行　2021 年 8 月 6 日　初版第一刷
定価はカバーに表示

著者　大久保賢一

___

発行所　学習の友社
〒 113-0034　文京区湯島 2-4-4
電話　03（5842）5641　fax　03（5842）5645
tomo@gakusyu.gr.jp
振替　00100-6-179157
印刷所　モリモト印刷

ISBN978-4-7617-0730-9